子どもを夢中にさせる魔法の朗読法

NHKアナウンサーに教わる
「読み聞かせ」のコツ

NHKアナウンサー
山田敦子＋村上里和 著

日東書院

はじめに

枕元のスタンドと数冊の絵本、そしてぎゅうぎゅうに集まった３つの頭。毎晩寝る前に、３人の子どもたちに本を読むのが私の日課でした。長男が０歳のころから、末っ子が小学校の高学年になるまで、15年間続きました。お気に入りのせりふで声を合わせる子、喜びすぎてすっかり目が覚めてしまう子、もう一回、もう一回とせがむ子。ほっぺたの甘いにおいとボロボロになるまで読み込んだ絵本。昼間仕事で家にいない母親と子どもたちの、濃い幸せな時間でした。

読み聞かせは、上手下手より、その子の事を大切に思っている大人が心をこめて読んであげることが、本当は一番大事。それが間違いなく一番大事。でも、もっと心を通わせたい、もっと本の世界を一緒に楽しみたい、と思っている方たちに向けて、この本を書きました。

いろいろな方法論が出てきます。「こうでなくちゃダメ」「できなければ失格」というふうには受け取らないでください。読み聞かせが苦しくなってしまいます。子どもと一緒に本の世界に遊ぶ中で、1つでも2つでも取り入れられればもっと楽しい、もっといい時間になる。そういう気持ちでページをめくっていただきたいと願っています。

子どもともっと心を通わせたい、
もっと本の世界を
一緒に楽しみたい、
と思っている方たちに

読み聞かせは、3人の子どもに15年間、毎日!

山田敦子

朗読の力、読むことの醍醐味――そこには、たくさんの「宝物」が埋まっています

私がピアノ奏者の友人たちと一緒に「親子で楽しむお話の会」の活動を始めたのは、今から10年ほど前、札幌局時代のことでした。朗読と楽器の演奏で物語の世界を存分に味わってもらえたらという思いで、以来、50か所ほどを回ってきました。

子どもたちの反応は実にさまざまで、豊かです。そして、彼らの様子を肌で感じながら読むことで私の読みの温度も上がってゆく……その楽しさ、達成感！　これは、何十人もが集まる会場でだけでなく、帰宅してわが子の枕元で読み聞かせるのでも同じでした。

――朗読の力、読むことの醍醐味を実感したのは、「ラジオ深夜便」で＜朗読シリーズ＞を企画、放送したときもそうでした。思わず布団の上に正座して聞いた、不眠気味で悩んでいたが久々にぐっすりと眠れた、など全国から本当に多くの反響があり、とても感激したのを覚えています。

アナウンサーとして母として朗読や読み聞かせに取り組んだことで、私はたくさんの宝物を受け取ってきました。この本ではそんな宝物のいくつかを、「読み聞かせの現場から」というコラムでご紹介してゆきます。本編の合間のティーブレイクという感じで、楽しんでいただけたらうれしく思います。

親子で楽しめる「読み語り」のイベントで各地にお邪魔しています

村上里和

〈コラム〉「読み聞かせの現場から」を担当します

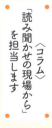

子どもを夢中にさせる

魔法の朗読法

CONTENTS

基本テクニック編

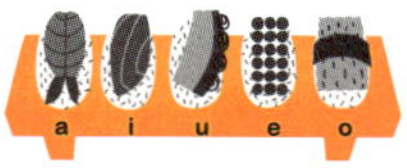

実践編

基本テクニック編

読み聞かせや朗読をする方から寄せられる悩みは、
声に自信がない、どうしても単調になってしまう、など案外共通しています。
まずはそんな悩みにお答えするべく、今日からすぐに使える基本のコツをご紹介。
私たちアナウンサーが練習に使うさまざまな教材も登場しますよ！

第1節

自分の声に自信を持ちましょう

ベースは、「生成り」の声で！

絵本を広げ、読み始める……そのとき、あれ？　と思うくらい声が変わってしまう方がいます。

「読み聞かせは、大きな、よく通る、高めの声でなくては」、というような先入観があって、声を作ってしまうのですね。どこかで聞いた女優さんやアナウンサーの声に近づけようとがんばってしまう場合もあるでしょう。とくにふだんから声を使い分けている方、たとえば子どもを叱っている最中でも、電話がかかってくると途端に

「よそゆき」の声になり、高さもワントーン上がってしまうような方に、この傾向が強いようです。でも読み聞かせ用に「声を作る」のは決してお勧めできません。理由はいくつかあります。

まず、無理に演出した声では、のどに負担がかかって長い時間読み続けることができません。不自然な声は聞くほうにもストレスになり、内容もきちんと伝わってきません。

さらに、「作った声」には、表現力がないのです。お話を、自分の声を通して聞き手に届けるのが「読み聞かせ」。内容に応じて、そこにさまざまな表情が加わって行きます。その土台になる声が、あらかじめばっちりお化粧した「作り声」だったらどうでしょう？

そこにどんな色を加えようとしてもうまく行きませんよね。

自分自身の「生成り」の声で勝負しましょう。それがたとえばハスキーであっても、子ども向きじゃないかな、と思うような低い声であっても、ガラガラ声であっても、**とにかく自分の声が一番いいんだ、と自信を持って**ください。

平行して、自分の声を鍛えて行くことも大事です。声を出すのも筋肉の力ですから、使わないと衰えますし、鍛えれば強くなります。声が小さい、くぐもる、と気にしている方は、日ごろから声を出す習慣をつけましょう。声を出すときには体をラクにして、のどを締めず、無理に大声を出そうとせず、いつもよりほんの少し声を遠くに届かせようとしてみましょう。地道な努力がしだいしだいに自分の声を鍛えてくれます。ハスキーならハスキーなりに、「狭い」ハスキーでなく、ゆったりした深いハスキーボイスができてくるでしょう。

私自身、声が高くて細いのがずっとコンプレックスでした。ニュースを読むときは、信頼感を出そうと低い声で読み、かえってうまく行かなかったりしたものです。きっと、不自然な、作った声だったからでしょう。でも、あるときから「もういいや！　高くても。自分の声で読もう」と居直ったとたんにラクになり、伝える内容に集中できるようになりました。自分の持って生まれた声。たとえそれが気に入らなくても、その声を受け入れ、精一杯生かせばよいのです。

「自然な声」ってどんな声？

あなたの声は、あなただけが持つ大切な「楽器」です。あなたの声を愛してあげましょう。あなたの声を育て、うまく使ってあげましょう、自信を持って！

では、「自分の声」って何でしょう？　あなたは「自分の自然な声」を知っていますか？

まず4～5メートル先にいる人に軽くあいさつするつもりで、「おはようございます、○○△△です」と名乗ってみましょう。これを、さまざまな声の高さ（音程）や強さでやってみてください。どうですか？　高すぎても低すぎても、強すぎても弱すぎても、向こうにいる人のところにちゃんと届かない感じがしますよね。

一番無理なく、向こうにいる人にぴたりと届く声を探ってみてください。実際に、4～5メートル先に家族や友だちに立ってもらって、「おはようございます、○○△△です」と声をかけ、相手が「今の声が一番自分にあいさつしてもらったような気がする！」という声を選んでもらってもいいでしょう。

表情も大切です

声と表情は、実は思いのほか連動しています。その証拠に、「今日はいい天気ですね」と、まずはしかめっ面で言ってみてください。低くて硬く、暗い声になりませんか？

次に、眉を開き、にこやかな表情でもう一度言ってみてください。それだけで高く、広がりのある明るい声になるはずです。本を読むときは緊張して硬い表情になりがちですが、**リラックスして、にこやかな自然体で読むことが肝心**です。

厚い本が鼻に激突！

私の長い長い「読み聞かせの旅」が始まったのは、今から20年前、息子が生まれたとき。

産後の仕事復帰は息子が生後3カ月のときで、当時まだ20代だった私は初めての子育てで不安がいっぱい。

そんな悩める子育ての毎日の中で、あるとき保育園の先生の一人に、「まだ話せないからと思わずに、言葉で伝えてあげてください。赤ちゃんでも、もう言葉をわかっているんですよ」と言われ、はっとしたことがありました。

確かに、まだ話せない小さな子どもたちも、先生が絵本を読み始めると、静かに耳をかたむけています。

それをきっかけに毎日、寝る前に息子と一緒に本を読むようになりました。本を読む時間は短くても、息子と過ごすとても大切な時間でした。最初は私がその日に読む本を選んでいましたが、そのうちに息子が「これ読んで」と持ってくるようになりました。

ある夜、いつものようにふとんに入って本を読んでいたとき、突然、顔の上に本が、「ごっつん！」。　硬い表紙の厚い本が鼻に激突して仰天するやら痛いやら……。どうやら、ふとんに仰向けで読み聞かせしているうちに一瞬で寝落ちてしまったらしいのです。

この事件以来、息子は「ママ、これちょっと重い本だけど、今日はとても眠い？」と心配してくれるようになりました。

——並んで寝ると足が私の腰くらいまでだったその子も、今や身長186センチの20歳。あの「鼻の痛さ」と一緒に昨日のことのようによみがえる、息子との大切な思い出のひとこまです。

第2節 発音について

実は、口はそんなに開けなくてもいい！

みなさんは、はっきりと発音をするためには口を大きく開けなければ、と思っていないでしょうか？　実は、口はそれほど大きく開ける必要はありません。一番大きく口を開ける「あ」でも、歯と歯の間に**指1本がラクに入るくらいのすき間で十分。それくらいが一番話しやすく、聞くほうも聞きやすい**のです。大きく口を開けすぎると、音を「切り替える」のに時間がかかってしまい、結果としてクリアな発音になりません。

ためしに、口を大きく開けて、「おはようございます」と、なるべく早く繰り返してください。次に、歯の開きをせいぜい指1本分にして同じようにやってみてください。どちらがラクに、すばやく言えるでしょう?

「滑舌が悪くてニュースがうまく読めない」と悩んでいたアナウンサーに、「そんなに大きく口を動かさないでいいから」とアドバイスしたところ、格段によくなった、ということもありました。口は、実は、大きく開けすぎないほうがいいのです。

母音は「シャリ」、子音は「ネタ」

NHKでは新人アナウンサーに、発音は「にぎりずし」であると教えます。日本語の母音は「あ・い・う・え・お」の5つだけ。「ん」や、詰まる音(促音)を除いて、どんな音でもたとえば「き〜」「ま〜」「じょ〜」と長く伸ばすと、母音の響き、「i」「a」「o」が現れます。つまり、子音というネタの下に母音というシャリがある、「にぎりずし」の構造というわけです。「シャリ」の母音は発音の基礎となる、大事なものです。ではまず母音、「あいうえお」を言ってみてください。あごの開き方は大きく分けて3段階になっています。大きく開く順に①「あ」②「え」と「お」③「い」と「う」です。

さらに、くちびるの形や舌の位置も重要です。

あ……舌の先端が、下の歯の裏側に触れていますか？

い……舌全体が、口の中でぐっと持ち上がっているでしょうか？

う……くちびるを突き出さず、口の両端をきゅっと締めましょう。

え……舌は、「あ」の位置から前に持ち上げます。舌先は下の歯の裏につけたままです。

お……実は、「あ」から「え」まで、くちびるの横幅は全部同じ。「お」のときだけ、ちょっとすぼまります。親指とひとさし指を口の両端に当てて確かめましょう（詳しくは『NHKアナウンサーとともに　ことば力アップ　2015年4月～2016年3月（NHK出版刊）』でどうぞ）。

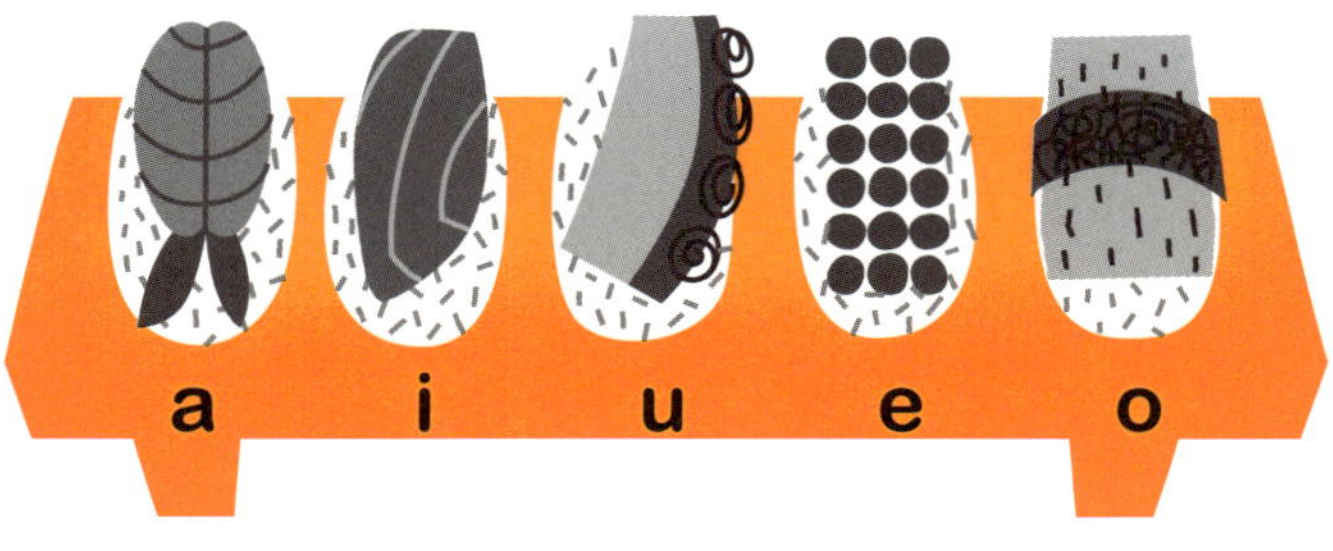

母音が「隠れる」？

この肝心な母音が、前後につく音によって隠れてしまうことがあります。「母音の無声化」という現象ですが、説明し出すと長く、かつややこしいので、ここでは「こんなものか」という具体例で見て行きましょう。たとえば「菊」と言ってみてください。そのまま、、、の発音で「き」だけ言ってみると……息だけで、音が出ていないのがわかるでしょう。**「ki」の「i」の母音の響きが消え、「シャリ」が点線になっている感じ**ですね。

母音が無声化すると、歯切れがよく、軽やかな発音になります。「ピカピカ」「ツクエ」「パスタ」……、いかがでしょうか（○は無声化の印です）。ちなみに、関西弁が耳に柔らかく聞こえるのは、母音が無声化する習慣がないからだとも言われています。

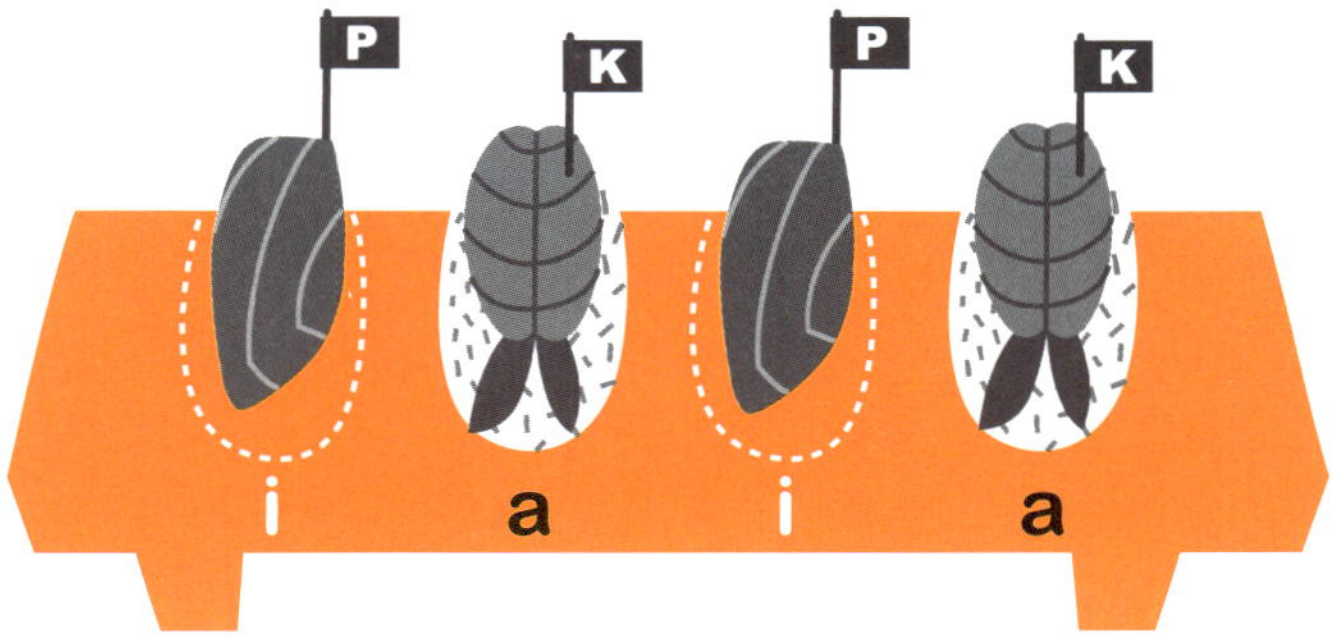

「んが・んぎ・んぐ」でこなれたムードを

とくに若い人たちの間で苦手とされているのが「鼻濁音《びだくおん》」です。「が・ぎ・ぐ・げ・ご」の5文字を、鼻にかかる「んが・んぎ・んぐ・んげ・んご」と発音するもので、助詞の「が」、そして、単語の頭（一音目）に来ない「が・ぎ・ぐ・げ・ご」は、多くの場合、鼻濁音となります。「ゆうか゜た」「ごこ゜」「れんけ゜」「わたしか゜」（゜は鼻濁音の印です）……。いかがでしょう、「か゜」を、鼻に抜けるように発音できたでしょうか。

鼻濁音は、柔らかな、こなれた雰囲気を作ります。

ちなみに、数字、カタカナ語は原則、濁音です（「ジューゴ（15）」「アフガニスタン」など）。

アナウンサーこぼれ話1

研修の現場から

さてここで、NHKの研修などで使っている発音練習用のフレーズを、少しだけお見せしましょう。

言いにくい行をよく練習してください。ちなみに私自身は「ら」行が苦手です。

発音練習＝母音

□あ 「青々青空青い空」「あおあおあおぞらあおいそら」
「青は藍より出でて藍より青し」「あおはあいよりいでてあいよりあおし」

□い 「いろり端でいがみあい」「いろりばたでいがみあい」
「いり豆は煎るのか煎らないのか」「いりまめはいるのかいらないのか」

□う 「ウリ売りがウリ売りに来てウリ売り残し　売り売り帰るウリ売りの声」
「うりうりがうりうりにきてうりうりのこし　うりうりかえるうりうりのこえ」

□え 「永遠の栄光や栄耀栄華」「えいえんのえいこうやえいようえいが」
「絵入りの絵本は営利本位」「えいりのえほんはえいりほんい」

□お「追えと言われて大江戸まで追う」「おえといわれておおえどまでおう」
「親がおいおい応援に行く」「おやがおいおいおうえんにいく」

発音練習＝各行

□か行「貨客船の夏季休暇」「かきゃくせんのかききゅうか」
「菊桐菊桐三菊桐」「きくきりきくきりみきくきり」
「顧客獲得競争」「こきゃくかくとくきょうそう」
「小包に鼓と小鼓」「こづつみにつづみとこつづみ」

□さ行「新進シャンソン歌手新春シャンソンショー」
「しんしんしゃんそんかしゅしんしゅんしゃんそんしょー」
「高速増殖炉」「こうそくぞうしょくろ」
「私鉄支線の始発地点」「してつしせんのしはつちてん」
「書写山の社僧正」「しょしゃざんのしゃそうじょう」

□た行「土地宅地建物」「とちたくちたてもの」
「小千谷縮」「おぢやちぢみ」
「秩父地方の秩序の欠如」「ちちぶちほうのちつじょのけつじょ」

「特許許可局局員の投稿」「とっきょきょかきょくきょくいんのとうこう」

□な行

「熊野灘や播磨灘などの名前」「くまのなだやはりまなだなどのなまえ」

「バナナなどのなかみ」「ばななななどのなかみ」

「野良如来野良如来三野良如来六野良如来」

「のらにょらいのらにょらいみのらにょらいむのらにょらい」

「ぬるぬるのぬかるみ」「ぬるぬるのぬかるみ」

□は行

「母ヒヒのほほ」「ははひひのほほ」

「母子草の葉」「ははこぐさのは」

「親嘉平子嘉平、子嘉平親嘉平」

「おやかへいこかへい、こかへいおやかへい」

「不服不満で不服従」「ふふくふまんでふふくじゅう」

□ま行

「巻き網を巻き上げる」「まきあみをまきあげる」

「マネとモネのもの真似」「まねともねのものまね」

「豆だぬきの豆まき」「まめだぬきのまめまき」

「無味無臭の飲み物」「むみむしゅうののみもの」

□や行

「お綾や親におあやまり　お八重や八百屋におあやまり」

「おあややおやにおあやまり　おやえややおやにおあやまり」

「ゆゆしき湯屋の夢」「ゆゆしきゆやのゆめ」

「夜中によよと泣き伏す」「よなかによよとなきふす」

□ら行

「アンリルネルノルマンの流浪者の群れ」

「あんりるねるのるまんのるろうしゃのむれ」

「泥だらけのラクダのからだ」「どろだらけのらくだのからだ」

「ドナルドとロナルド」「どなるどとろなるど」

「隣のつるべは潰れるつるべ」「となりのつるべはつぶれるつるべ」

□ワ行

「わいわい騒ぐ」「わいわいさわぐ」

「馬鹿馬鹿しいが若々しい」「ばかばかしいがわかわかしい」

発音練習＝鼻濁音

「2月15日、午後5時の会議」「ニカ゚ツジューゴニチ、ゴコ゚ゴジノカイキ゚」

「親山羊と小山羊が元気な姿を見せた」

「オヤヤキ゚トコヤキ゚カ゚ゲンキナスカ゚タヲミセタ」

発音練習＝母音の無声化

「ピカピカ光る机のひきだし」「ピカピカヒカルツクエノヒキダシ」

「くさむらにキクの細いくきが混じる」「クサムラニキクノホソイクキガマジル」

発音練習＝母音の長音化※

「お母さんとお姉さんとお兄さん」「オカーサントオネーサントオニーサン」

「工場の生産」「コージョーノセーサン」

※母音の長音化：表記上は「かあさん」でも、実際は「カーサン」と音を長く伸ばして発音しましょう。「工場」を「コウジョウ」と発音すると不自然な感じがしますよね。

口をオーバーに動かして無理にくっきり発音しようとしたり、早口言葉のように急いで読んだりするのではなく、自分の発音を自分の耳で確かめながら、注意深く丁寧に読んでみましょう。

……でも、ＮＨＫのアナウンサーが発音練習に割く時間は、きっとみなさんが思っているほど長くないと思います。そのワケは、次の項で。

発音・発声はいわば「道具」

　私たちアナウンサーにとって、正しい発音・発声は欠かせない大事なスキルです。でも、それ自体が仕事の目的ではありません。私たちにとって、発音・発声は、言ってみれば「伝えたいことをちゃんと伝えるための道具」で、一番大切なのは伝える「中身」なのです。ですから、発音・発声ばかりにとらわれすぎるのは本末転倒と言えるでしょう。たとえば「学校放送コンテスト」のアナウンス部門などでも、伝える内容があるか？　伝えたい気持ちをどう表現するか？　が、発音・発声などの基本と並んで重要な審査基準になります。はきはきといかにも爽やかに発表するけれど、さて、その声でいったい何をどう伝えたいの？　というところが弱いと、その爽やかな声も、聞く人の耳を左から右へ「通過」するだけで、心には何も残しません。

　読み聞かせもそうです。正しくきれいに「音読」するだけでは足りません。読む内容を味わい、理解し、自分の声を使ってそれを聞き手に届けることにこそ目的があり、やりがいも難しさもそこにあるのだと、私は思います。

アナウンサーこぼれ話2

時代の流れの中で

アナウンサーって何だろう？　美しい発音・発声で正しい日本語を話す人？　それだけじゃ足りない。では目指すべきアナウンサー像とは何か？

時代の流れの中で、私たちはさまざまなアナウンサー像を描いてきました。「何よりもジャーナリストであること」「取材力・企画力」「目指すべきは大型キャスター」「さまざまな専門分野を持つ集団」「生放送を仕切る力」……。私が仕事をしてきた年月の中にも、折々にこうしたキーワードが打ち出されてきました。目指すべき姿をさまざまに模索する中で、「トーキングマシン」とみなされることへの反発から「発音・発声・読み」の教育がやや後回しになった時代もありました。

こうした時代の変遷を経て、今私は思っています。

わかりやすい発音・発声、正しい日本語の知識は、アナウンサーの「持つべき大事な器」だと。でも、さらに大切なのはその「器」に、「何を、どのように」盛るかだと。肝心要《かなめ》は「中身（コンテンツ）」であり、その「中身」をくっきりと歪みなく見せるために、日々自分の「器」を磨く必要があるのだと。

「ママのおひざ」は魔法です

あの『ぐりとぐら』の生みの親、中川李枝子さんが、著書『子どもはみんな問題児。』(新潮社、2015年刊)で「おはなしは、子どもをひざに乗せ、身を寄せあってするものです」と書かれていますが、まさに私も「親子で身を寄せあい、物語を聞く」ことのすばらしさを実感したことがあります。

ピアノ奏者の岡本恵里さんたちと組んだ読み聞かせのグループ「co-to-be(ことべ)」に、大きな団扇太鼓やカホン(またがって叩く形式の箱型打楽器)を演奏するおとうさんがいました。札幌の北海道立文学館で「親子で聞くお話し会」をやったときにこのおとうさんも大太鼓を持って参加。

その日の「出し物」は『あらしのよるに』でした。そして、物語の途中、真夜中に嵐の中で雷が鳴るシーンで、彼は太鼓を使ったのです。

――最初に雷が「ぴかっ」と光った後に一発、“ババン!”。

「そのとき、すぐ　ちかくで　いなずまが　ひかり、こやの　なかが　ひるまのように　うつしだされた」

でまた、“ババーン!”。

すると、3歳くらいの男の子が、体にビリビリと響く音にびっくりして「うえーーん」と泣き出してしまいました。しばらく泣き続けているので読みながら心配でちら、ちらと見ていたのですが、なんと最後までちゃんと、おかあさんのおひざの上で、おかあさんにしっかりしがみつきながら聞いてくれたのです!

……終わってからおかあさんが、「最後まで聞けたのは、お話が、怖いけどすごくおもしろかったんだと思います」と言ってくださいました。

確かに「怖いけど知りたい!」と思わせた物語の力も素敵。でも最後まで聞けた一番の理由はきっと、「ママのおひざ」の魔法なのですよ、おかあさん。

第3節

「息」こそが伝えます

「あぶないっ!!」と「すっぱい」

読むときに使うのは「声」だと思う方がほとんどでしょう。誰も「息」だとは思いませんよね。ですが、実は「はっ」という「息」、音を持たないこの「息」こそが、何かを伝えようとするときには重要なのです。

たとえば駅のホームに流れる自動音声、「あぶないですから白線の内側までお下がりください」と、おかあさんが自分の子どもに、「あぶないよ！　白線の内側まで下がって！」というのとでは、切迫感がまるで違います。いったいどこが違うか？　というと、それは「息」。息を使って話しているかどうか、なのです。

ちょっとわかりにくいですね。では実際にやってみましょう。

まず、何も考えず、自動音声になったつもりで「あぶない」と言ってください。次に、こんな場面を想像してみてください。

――崖の上で、なぜかバドミントンに興じている2人。あぶないなあ……と見守るうちに、2人は羽根を追ってどんどん崖っぷちのほうへ。あ、そっちはだめ、あと一歩で踏み外す！　さあ、言ってみましょう、「あぶない」。

……どうでしたか？　最初の（自動音声的な）「あぶない」とはまるで違って、2回目は「あぶないっ‼」という言い方になったのではないでしょうか。そして言いながら腹筋がきゅっと締まって、息がどっと出たのではないでしょうか？

「息が大事」と言ったのは、このことなのです。「息」こそが、声の出し方や抑揚を変え、心を伝え、人を振り向かせる力を持つのです。読み聞かせのときにも、この「息」をたっぷり使いましょう。

では、なぜ、どういうときに、「息」は出るのでしょう？　実は今、みなさんがやった通りでいいのです。つまり、物語の場面や登場人物の心をちゃんと想像することです。そうすると具体的なイメージが湧き、それを人に伝えようとするとき、息がたっぷり出るのです。

もうひとつやってみましょう。「すっぱいレモン」。ぴゅっとほとばしるような汁気を感じながら言ってみてください。顔がくしゃくしゃになるくらいすっぱいレモンを想像してみてください！　そして、どんなにすっぱいか、伝えてください！

――どうですか、息がたっぷり出たでしょう？　とくに「す」と「ぱ」のところに。そして、言い終わったときには**「すっぱさを十分に伝えられた」という満足感、達成感**が湧いてきたのではないでしょうか。

とりわけ、感情がほとばしるときなどには自然と、**息が先、声はその後に「息の上に乗る」ような感じ**になると思います。伝えよう、表現しよう、という気持ちが「息」となって出てくる感覚を何回も確かめて、自分のものにしてください。

「軽いあくび」が理想的？

読むときの姿勢は、ねこ背にならないように背をすっと伸ばして、安定感のある自然な体勢を取りましょう。

そして「あーー」と言いながら、顔をゆっくり上下に動かしてみましょう。

あごを引いて下を向くと、声が出しにくいはずです。音程もちょっと低く、声音も暗くなりませんか？

反対に、やや上を向くと、ラクに声が出ていくはずです。声のトーンも明るくなることがわかると思います。

これは、声の通り道（声道）の性質によって起きる現象です。やや上を向くと「声道」がすんなり通りやすく、逆に下を向くとぐっと曲がり、通りにくくなるのです。

読むときの望ましい顔の角度について、音声を研究しているNHKの先輩は、「軽いあくび」と表現しています。少し上向き加減にし、

のどをラクにしてちょっとあくびをする感じがいいようです。

ひざの上や、机に置いた本を読むときは、下を向いて一生懸命文章を追いがちですが、できる範囲で顔を上げると、たっぷり自然な息が出て、声も明るく豊かになります。

とにかくのどを締めないことが大事です。

「吸う」より「吐く」！

さて、声をしっかり出すには息をたくさん吸わなくちゃ、と思いがちです。

しかし、息を吸うことだけに意識が行くと、かえって体は緊張し、こわ張って苦しくなります。息を吸いすぎるのもよくないのです。

まずは十分に息を吐くこと。これで体の緊張も解けるはずです。

そしてそのあとすっと力を抜くと、肺に自然に空気が流れ込んできます。それから、話し出すといいでしょう。**とにかく、精一杯は吸い込まないこと。**がんばって胸いっぱい空気を吸うと、コントロールが効かなくなります。

　そして、肺の空気をちゃんと使ってから次の息を吸いましょう。緊張したときによくあるのは、まだ十分空気が残っているのに新たに息を吸い、ちょっと吐いては吸い、……を繰り返すこと。これが続くと息苦しくなり、ますます緊張してしまいますので、気をつけましょう。

第4節

「音の上げ下げ」で意味を伝えましょう

「アッ／イ、アッツイ」ホットケーキ

さて、一つひとつの言葉には固有のアクセントがあります。アクセントのタイプは、大きく分けて4つあります（注：アクセントは地域によって違います。ここで扱うのは共通語のアクセントです）。

①頭高《あたまだか》タイプ

例：に／いさん　→最初が高く、2音目から下がる

（／は、そこを境に音が下がる印です）

②中高《なかだか》タイプ

例：おか／あさん、ひいじ／いさん　↓3音目以降で下がる

③尾高《おだか》タイプ

例：おとうと／（が）　↓語尾にかけて下がらず、「…が」、「…は」、など次に続く音が下がる

④平板《へいばん》タイプ

例：ちちおや（が）　↓語尾にかけて下がらず、「…が」、「…は」など次に来る助詞でも下がらない

——アクセントが違うと、意味も違います。

● 「あき」の場合

A. 頭高（秋）あ／き　B. 尾高（飽き）あき／　C. 平板（空き）あき

● 「はし」の場合

A. 頭高（箸）は／し　B. 尾高（橋）はし／　C. 平板（端）はし

そして、アナウンサーでも時々混乱してしまうのが、「あつい」です。

A.「熱い・暑い」は、②の「中高タイプ」（アツ／イ）

B.「厚い」は、④の「平板タイプ」（アツイ）

「アツ／イ、アツイ」ホットケーキというアクセントで読めば、ホカホカでふっくらしたホットケーキ（熱い、厚いホットケーキ）になりますが、「アツイ、アツイホットケーキ」では、とにかくものすごーくぶ厚いホットケーキ（厚い、厚いホットケーキ）となってしまいます。

また、12カ月のアクセントにも、意外に注意が必要です。

1月（イチガツ／）　**2月**（ニガツ／）

3月（サ／ンガツ）　**4月**（シガツ／）

5月（ゴ／ガツ）　6月（ロクガツ／）……

太字にした1月、2月、4月、大丈夫でしたか？　非常に多くの若者が「イチ／ガツ」「ニ／ガツ」「シ／ガツ」というふうに間違えて言っています。

「イントネーション」って？

アクセントが「言葉ごと」に固有のものなのに対して、イントネーションは、**文を読んだり話したりするときの「抑揚」**。それぞれの言葉の高さを他の言葉より上げたり下げたりして、文章の意味を伝える働きをします。

ここでは3つの例を見てみましょう。

A．美しい王女のドレス

●美しいのが「王女」の場合

（ドレスはあまり美しくないかもしれない場合）は、

美しい王女のドレス

美しい王女のドレス

●美しいのが「ドレス」の場合
（王女はあまり美しくないかもしれない場合）は、

と、意味によってイントネーションが異なります。

次の例も、意味によって2通りのイントネーションになります。

B．先生はため息をつきながら掃除をする生徒を監督していた

●ため息をついていたのが生徒の場合

先生はため息をつきながら掃除をする生徒を監督していた

先生はため息をつきながら掃除をする生徒を監督していた

●ため息をついていたのが先生の場合

――では、ちょっと難しいものに挑戦してみましょう。これは、アナウンサー泣かせの1文です。

C．丁寧な対応を取る必要があると考えます

5つの意味のまとまり、すなわち、「丁寧な対応」「対応を取る」「取る必要」「必要がある」「あると考えます」が重なり合いながら1つの文を構成している、難しい例です。

丁寧な対応
対応を取る
取る必要
必要がある
あると考えます。

どこにも意味の切れ目のないこの文章。イントネーションで見ると「丁寧」は「対応」より高く、「対応を」は「取る」より高く、「取る」は「必要」より高く、「必要が」は「ある」より高く、「あると」は「考えます」より高くなければなりません。つまりこの文の読み方は、「文頭から文末にかけて、音程をコントロールしながら少しずつ下げて行く」のが正解。

では、そのように読んでみましょう！　……どうですか？　できましたか？　少しずつ下げて、無事文末にたどりついた、という方には大拍手！　でもほとんどの方は、途中の「取る」や「必要が」「あると」などでぴょこっと音が持ち上がったり、あるいは文末の「あると考えます」あたりがものすごく低く、うなるようになったりしてしまったのではないでしょうか。

プロでも難しいこの文章。読みこなすコツは、「頭を高く入れる」、つまり高い音程で読み始めること、そしてせっかく高く入ったその音をなるべく保ちながら少しずつ、少しずつ下げて行くことです。

出だしの音が低いと、あるいは高く始められても途中で音が急に下がってしまうと、あとは低い、地を這うような音程で読み続けるか、苦しまぎれにどこかの言葉を勝手に持ち上げるしかありません。いずれにしても不自然なイントネーションで、意味の伝わりにくい読みになってしまいます。

「頭を高く入れる」ということは、とくに長い文章を読むときにはとても大事です。どのくらい「高く」かと言うと、自分が思う高さの「倍」の感じ、と思ってまず間違いないでしょう。

では、次の文を読んでみてください。

夕暮れ近い牧場の白い柵に、大きな翼のフクロウが止まっていました。

この文章は「柵に」の後に意味の切れ目があります。ですからその次の「大きな」は大きく立て直して入っていいでしょう。その後はじょじょに読み下げて行きましょう。

どうですか？「フクロウが」でものすごく低くならないように、音程のカーブをコントロールしながら少しずつ下げて、最後まで持って行けましたか。

次の文も「イントネーション」に気をつけて、読んでみましょう。

寒い冬が北方から、キツネの親子のすんでいる森へもやってきました。

（『手袋を買いに』より）

親譲りの無鉄砲で子供の時から損ばかりして居る。

（『坊ちゃん』より）

「お国言葉」での朗読に涙がぽろぽろ！

私たちNHKのアナウンサーは、入局以来、「共通語で」訓練を重ねて来ています。とりわけ「ニュース」の読みは、その内容を視聴者の皆さんへ間違いなくしっかりと伝えることが大切ですから。

でも、こと「朗読」に関してはどうでしょう？

——たとえばこんなふうに始まる宮沢賢治の名作、『よだかの星』があります。

「よだかは、実にみにくい鳥です。　顔は、ところどころ、味噌をつけたようにまだらで、くちばしは、ひらたくて、耳までさけています」

この物語を、私はまったく疑問を持たずに共通語のイントネーションで読んでいました。方言が作品世界をより「深く」表現することもある、と知るにいたる、感動的な体験をするまでは……。

札幌放送局時代、同じ職場に岩手県出身の久保田茂《つとむ》アナウンサーがいました。人情味あふれる朗読をされ、温泉と地酒が大好きという久保田さんは、酔っ払うと岩手弁を披露してくれることもある楽しい先輩。あるときふと、「あの『よだかの星』を岩手弁で朗読したら？」と思い、お願いしてみました。すると、それが想像を上回る何ともすばらしいものだったのです。「ああ、これこそ、これこそ賢治の本当の世界だったのだ……」と背筋がぞくぞくとして、朗読が終わる頃には久保田さんの横で涙がぼろぼろ、ぽろぽろ！

——後日談ですが、感動のあまり「これはぜひ全国放送にしたい！」と思った私は、「ラジオ文芸館」に企画提案。結果、久保田さんの「岩手弁・よだかの星」は「お国言葉で聞く『よだかの星』」として放送されました（2007年）。全国のみなさんに聞いていただけて本当によかったと思っています。

話すように読みましょう

さて、ふだんは自然なイントネーションで話しているのに、書かれた文章を読むとなると、とたんにイントネーションがおかしくなってしまうことはよくあります。

まず、気をつけたいのが「節《ふし》読み」。すべての言葉に同じような力が入り、イントネーションの小山がいくつもできるイメージです。ひと昔前の、駅の自動音声を思い浮かべればおわかりいただけるでしょう。

「まもなく　3番線に　電車が　まいります。

あぶないですから　白線の　内側まで　下がって

お待ちください」

ふだんの会話では「電車がまいります」「白線の内側まで」などとひとつながりで言うところが、「電車がまいります」「白線の内側まで」と2こぶになっています。その他も同様です。その結果、一言ひとことは聞き取れても、全体として何を言いたいのか、何をしてほしいのか、ストレートに伝わってきません。丁寧にしっかり読もうとすると陥りがちな癖です。

「うねり」にも気をつけたいところです。先ほどの例文「大きな翼のフクロウが止まっていました」で説明しましょう。「うねり」とは、「大きな翼のフクロウが」までに音程が下がりきってしまい、「止まっていました」を苦し紛れにぐっと持ち上げるような読み方のことです。これだと、「止まっていました」が不自然に強調されて聞こえてしまいます。文章全体を見渡さず、一言ひとこと処理して行こうとすると、こうした「うねり」が出てきます。

「しゃくり」もよくあります。単語の「2音目」は、とかくしゃくったようにぐいっと上がりがちなので注意しましょう（「おやゆずり」、「むてっぽう」など）。

このような「節読み」「うねり」「しゃくり」は、ふだんのおしゃべりではまず現れません。なぜ、読むときに限って出てくるのでしょう？　なぜ話すように自然に読めないのでしょう？

日常の会話では、話そうとする内容が自分の心の中にあり、それを伝えようとする気持ち・動機もあります。その気持ちの発露が「言葉」となって出てくるのです。それに対し、「人の書いたもの」を読むときは、どうしても「動機」に欠けてしまいます。つまり、「別に言いたくないのに言わされている」ような読みになってしまうのですね。こうならないためにも、まず、**文章をよく理解しておなかに落とし、自分の中で伝えようという「動機づけ」をする。**そのうえで読み始めると、息もちゃんと出て「読む」が「話す」に近づいてくるでしょう。

「強調」と「さらさら」を使い分ける

「プロミネンス」。耳慣れない言葉ですが、「大事な部分を際立たせるための強調」のこと。強調したいところはほかの部分よりもちょっと高く読むことで、意味を際立たせることができます。

では次の文を、それぞれ、続く①〜③の質問に答えるつもりで読んでみましょう。

「昨日はうちのチームが勝ったよ」

（A：昨日　B：はうちのチーム　C：が勝ったよ）

①貴重な1勝は、いつだっけ？　↓昨日だよ

②昨日勝ったのは、相手？　うち？　↓うちのチームだよ

③わがチーム、ずっと負けっぱなしだけど、昨日はどうだった？

↓勝ったよ

……それぞれ、A、B、Cを際立たせるように少し高く読むことに

なりますよね。つまり、

①**昨日**はうちのチームが勝ったよ

②昨日は**うちのチーム**が勝ったよ

③昨日はうちのチームが**勝ったよ**

となります。

強調の方法は、高く読むことのほか、強く読む、ゆっくり読む、前後に間を空けるなど、いろいろあります。

コツは、**強調したい言葉のほかは「さらさら」言う**こと！　この「さらさら」読むというワザは、読みにメリハリをつけるうえでとても大事です。肝心なところを際立たせるために、それ以外はすっきり収めることを意識しておきましょう。

読み手によって、同じ物語でも違うお話に

私は長年のアナウンサー人生の中で、いわゆる「美声」で「きれいに」読むのが朗読ではないと思うようになりました。その人の声で、その人にしか描けない世界があるのだ、と。

たとえば、前にも触れた宮沢賢治の名作『よだかの星』。物語は、「そしてよだかの星は燃えつづけました。いつまでもいつまでも燃えつづけました。　今でもまだ燃えています」で幕を閉じます。

この作品の最後の一文、「……今でもまだ燃えています」を、あなたならどう読むでしょうか。

星になったよだかに同情の思いを寄せ、「そっと静かに」読み上げる朗読者が多いのではと思います。しかし、先ほどご紹介した岩手県出身の久保田アナウンサーは、ここを、非常におどろおどろしく、低い声で、濃い情念を込めて読みました。それがぞっとするほど感動的で、聞くものの耳に残される余韻も深かったのです。

それで、私が「なぜそんなふうに読もうと思ったのですか?」と質問したところ、「祖母が読み聞かせしてくれているとき、最後はいつもこんなふうに怖い感じで読んでいたから」という答え。

きっと久保田さんのおばあさんは、誰からも受け入れられなかった「よだか」の無念や怨念を伝えようとされたのではないか。そう考えると、少ししゃがれた声で読み上げられる最後の一文が耳に響いてきて、孫に伝えようとした思いが伝わってくるようです。

読もうとするテキストをどうひも解いて、どんな思いを乗せようか。それを乗せるためにはどんな読み方がいいか。

私は、誰にでも自分だけの世界を描ける楽しみがそこにこそある、と思います。そして、だからこそ朗読はおもしろいのだ、と。

第5節 「間」こそ黄金！

「わたしのまちがいだった」と、「わたしの　まちがいだった」

次は八木重吉の「草に　すわる」という詩です。

わたしのまちがいだった
わたしの　まちがいだった
こうして　草にすわれば　それがわかる

2行目の「わたしの」の後の空白が深まって行く思いを表し、何とも言えない味わいを詩に与えています。
これがもし、2行目に空白がなく、

わたしのまちがいだった
わたしのまちがいだった
こうして　草にすわれば　それがわかる

と書かれていたとしたら、どうでしょう？　ぐっと平板で「つまらない」感じになってしまいますね。※
読み聞かせでも、同じことが言えます。「沈黙は金・雄弁は銀」とすれば、「間」は、まさに黄金、なのです。
読み聞かせをしても、読んでいる自分の声がなんだか単調だし、子どももつまらなそうだ、と思っているあなたは、「間」に注目することをお勧めします。

※註：実際、この「空き」は後から入れられたようで、初稿では2行とも詰めて記されていたようです。
ここに引用したものは、『日本の詩歌 23 中原中也 伊東静雄 八木重吉』（中央公論社、1968年刊）より。なおほかに、「1行目」と「2行目」が逆になっている版もあるようです。こちらは、まずゆっくり、噛み締めるように自分に言い聞かせてから、ああやっぱりそうだったんだと自ら納得して迷いなく繰り返す、という語調が伝わりますね。

物語の構造は「間」で伝わる

「むかしむかし　あるところに　おじいさんと　おばあさんが　すんでいました。おじいさんは　山にしばかりに　おばあさんは　川にせんたくに　いきました。あるひ　いつものように　おばあさんが　川でせんたくをしていると　むこうのほうから　おおきなももが　どんぶらこ　こっこらこと　ながれてきました」

おなじみの昔話「桃太郎」。これを、どの文の間も同じ「間」で機械的に読んでみてください。何だか平板でつまらない「桃太郎」になってしまいますね。

では、「意味」を考えて文と文の間の「間」を計算し、もう一度読んでみましょう。ためしに「∨」のところで無言で1つ数え、「∨∨」のところでは3つ数えながら、やってみてください。

むかしむかし　あるところに　おじいさんと　おばあさんが　すんでいました。∨おじいさんは　山にしばかりに　おばあさんは　川にせんたくに　いきました。∨∨∨あるひ　いつものように　おばあさんが　川でせんたくをしていると　むこうのほうから　おおきなももが　どんぶらこ　こっこらこと　ながれてきました。

どうでしょう、「桃太郎」にメリハリがついてきたのではないでしょうか（1つ数える、3つ数える、というのは便宜的にそうしただけで、これが「正解」というわけではありません。後についても同様です）。

「あるひ」からは場面が変わるので、たっぷり「間」を取ります。そうすることで、聞き手に物語の「構造」が無理なく伝わって行くのです。

まずは数種類の寸法の「間」を使い分ける!

「間」は文と文の間だけでなく、ひとつの文章の中にもあります。今度は、次の「<」のところでは「＜」の半分くらいの間を、「<<」では「<」2つ分、「<<<」のところは「<」3つ分の間を置いて読んでみてください。

むかしむかし　あるところに<おじいさんと　おばあさんが　すんでいました。＜おじいさんは　山にしばかりに<おばあさんは　川にせんたくに　いきました。＜＜あるひ<<いつものように　おばあさんが　川でせんたくをしていると<<<むこうのほうから　おおきなももが<<どんぶらこ　こっこらこと　ながれてきました。

どうですか？　物語がさらに生き生きしてきたのではないでしょうか。

最初の「＜＜」は「何か新しいことが起こりそう」という、期待を持たせるための「間」、「＜＜＜」はおばあさんが顔を上げ、向こうを眺めて「おや？」と桃に気付くまでにかかる時間（「間」）、2番目の「＜＜」は、桃、すなわち物語の主人公を際立たせるための「間」であると同時に、直後の「どんぶらこ　こっこらこ」というオノマトペ（擬音語・擬態語）を際立たせるための「間」です。

この中ではとくに、「せんたくをしていると」の後の「間」はなかなか入れにくいと思いますが、入れることで、おばあさんが洗濯をしていて気配を感じ、ゆっくり眼を上げると、なにやら向こうのほうから……という感じが聞き手に伝わります。「人（この場合はおばあさん）が動くための時間」を考慮した「間」を使うことで、ストーリーの中に流れる風がこちらにも吹き込んでくるのです。

どんな「間」にも必ず理由があり、意味がなければなりません。それを考えず、ただやみくもに「間」を取ると、おかしなことになります。

たとえば、「むかしむかし　あるところに　おじいさんと　おばあさんが＜すんでいました。」というふうに、「おばあさんが」と「すんでいました」の間に「間」を置いてしまうと、文章の意味がぷっつり切れて、聞く人に「この人、本当にお話がわかっているのかな？」と思われてしまうでしょう。

どこでどんな「間」を取るかということは、読み手が文章（物語）をどう解釈しているかをそのまま伝えます。

逆に言うなら、**物語の内容に合わせて伸縮自在の「間」を使いこなせる**ようになれば、「一流の読み手」ということになるでしょう。

始めのうちは、「間」を一つひとつ、意識して組み立ててみることが大切です。まずは声に出して読む前に、お話をよくよく黙読して意味をとらえ、構造を考えましょう。

どこで意味が切れるか、どこで「大きく」切れ、どこで「ちょっと」切れるのかを考えて、「間」の寸法計算をしましょう。

とくに、**場所、時間など場面が変わるところでは思い切って大き**

く間を取ります。逆に意味がひとつながりに続いているところでは、無意味な「間」を取らないように。まずは3〜4種類の長さの「間」を使い分けられるようになるとよいと思います。

例のように、「V」や「<」など、自分で使いやすい記号をうすく書き入れてみるのも効果があります。また「間」は、自分ではたっぷり取ったつもりでも、実際にはちょっとしか取れていない、ということが多いのです。最初は何度も録音して聞き直し、「やっているつもり」と「実際にできている」の違いを客観的に確かめるとよいでしょう。

「間」と「イントネーション」は協力関係

「先生はため息をつきながら掃除をする生徒を監督していた。」

これは、すでに引用した例文です。ため息をついていたのが先生か生徒かを、イントネーションで区別できる、という話でしたね。

実は、「間」でも区別できるのです。

先生は∨ため息をつきながら掃除をする生徒を監督していた。

先生はため息をつきながら∨掃除をする生徒を監督していた。

――どうでしょう。ため息をついたのが前の文では「生徒」、後の文では「先生」だとわかりますよね。これにイントネーションが連動すれば、意味はさらに明確になります。

物語の構造を伝える「間」、文章の意味を伝える「間」、後に続く言葉を際立たせる「間」、深まっていく思いを伝える「間」……。「間」の役割はまだまだあります。

まさに「間」こそ黄金、なのです。

腕が「つねり跡」だらけに！

悲しい話こそ、読み手が先に感極まり、涙ぐんでしまってはシラケます。涙ぐまない。これは、朗読者にとって、また何年アナウンサーをしていても、とても高いハードルです。「ここにくると必ず涙声になってしまう」箇所にしぼって練習して、その場面に慣れるようにするのですが、セリフには情感を込めたい。

そんなとき、私がやむなくあみ出した技は、自分を「つねる」こと。

——私にとって「鬼門」だったある本があります。『ちいちゃんのかげおくり』（あまんきみこ作・上野紀子絵、あかね書房、1982年刊）。

主人公は、ちいちゃん。家族と一緒に幸せに暮らしていましたが、戦争が始まり、おとうさんは出征してしまいます。そしてある空襲の夜、おかあさんともおにいちゃんともはぐれてひとりぼっちになったちいちゃんがおとうさんを呼ぶシーン。とても涙なくしては読めない場面です。

“「おとうちゃん。」
ちいちゃんは　よびました。”

実は私、初めてこの本を「読み聞かせの会」で読んだとき、なんとこの「おとうちゃん」で涙があふれてしまい、地の文に戻るまで、数十秒間も、必要のない間が空いてしまったのです。プロとしては思い出したくない失敗です。これに懲りて考え出した手段が、自分の腕に爪を立ててギュッと「つねる」ことだったのです。

ちなみに、最後のクライマックス、

“ちいちゃんは　よびました。
「おかあちゃん、おにいちゃん。」”

などはもう、ギュー、と思いきりつねります。そうしないと“こうして、小さな　女の子の　いのちが、空に　きえました。”という地の文を冷静に読むことができません。

なので、『ちいちゃんのかげおくり』を読み終わるといつも、左腕の内側には、爪でつねった跡がたくさんできるのでした。

※ちなみに「つねる」は、けっこう痛いのであまりお勧めできません。あなたにとっての気持ちの切り替えスイッチを、ぜひとも見つけてください。

第6節 言葉をおこそう

人を「立ち止まらせる力」のある読みとは

どうしたら聞き手の心に語りかけ、感情に触れる読み聞かせができるのでしょう？　よく通る聞きやすい、「声」？　楽しいところは弾むように、悲しいところは泣き出しそうに読む、「演技力」？

どうやらそうではなさそうだ……ということが、ここまで読んできた方にはおわかりでしょう。冒頭でお話ししたように、声はあくまでも「ベース」ですし、表面的な演技はかえって聞く人を白けさせます。

大事なのは、リアリティーを持った言葉を送り出すこと。

私たちアナウンサーはよく「言葉をおこす」と言います。紙から言葉をはがして立ち上がらせる、と言うのでしょうか。声に出して読むときに、その言葉に現実世界の「ふくらみ」を持たせることをこう表現しているのです。

「言葉をおこす」ために大事なのは、書かれていることについて「想像し」、「心の中であれやこれや考え」、そのうえで、声に出すことです。

おさらいになりますが、「あぶない」を読むとき、ただ単に文字を読んだのではちっとも「あぶない」感じはしません。誰の注意も引かず、誰かを助けることもできないでしょう。ところが、あぶない場面をまず具体的に想像してから声に出してみると、「あぶないっ!!」という生きた言葉になって出てきます。それこそが、ぺらぺらでない、肉のある言葉です。「息」をたっぷり使った言葉、人をぎくっと立ち止まらせる力のある言葉です。私たちアナウンサーが「おきた言葉」と言うのは、そういう言葉なのです。

「大切な人の名前」を言ってみましょう

ただ読めばどこにでもある、ありふれた名前。でも、それが、家族や親友、憧れの人など、自分にとってかけがえのない人の名前だったら、どうでしょう？

その人の姿、声、ちょっとした表情、仕草、忘れられないエピソード……。そういったもの一つひとつを具体的に思い浮かべて、そのうえで改めて、その名前を言ってみてください。どうですか？「ただの名前」ではなく、その人に寄せる思いが乗った言葉、あるいは「その人自身」にさえなって出てきたはずです。

これをよく表すのがミュージカル「ウエスト・サイド物語」の中で恋に落ちたトニーが歌う「マリア」（♪マリア……これまで聞いた中で一番美しい響き。高く呼べば音楽のよう、そっと囁けば祈りのよう……）。この歌は、「マリア」という平凡な名前が、トニーの心の中で特別なものとして「おきてくる」瞬間をとらえて見事です。

いつか見たテレビや写真だっていいんです

すでに「場面を想像すると、たっぷり息が出ます」のところで、「あぶない」、「すっぱいレモン」の例を挙げ、読み方の練習をしましたね。想像すると↓息が出て↓言葉がおきて↓相手に心が伝わる、という仕組みを、五感に直結するわかりやすい例で実践してみたものです。

でも実際の読み聞かせは、気持ちを乗せやすい文章ばかりではありません。淡々とした描写、日常にはない情景……。こうした文章は、どう「おこして」いけばいいのでしょう？

ここでも、キーワードは「思い浮かべる力」です。

まず、「もの」や「こと」の名前。「タンポポの綿毛」と「あらし」で練習しましょう。思い浮かべてください。どんなに綿毛がふわふわか。ふーっと飛ばしてみたときのことを。そして、あらしの日の風の音。木々の枝がどんなにし、な、い、葉が引きちぎられて行ったかを。そのうえで、「タンポポの綿毛」「あらし」と声に出せば、ただの音の連なりではなく「すっぱいレモン」と同様の「息の出る感じ」や「言い終わった後の達成感」を味わうことができるでしょう。

単語がつながった「文」になると少し難しくなりますが、方法は同じです。

たとえば、前にあげた例文、

夕暮れ近い牧場の白い柵に、大きな翼のフクロウが止まっていました。

を、まず「ただ読み上げて」みてください。

その後で今度は、「広々とした牧場」「少し深くなってきた光」「その中に浮かび上がる白い木の柵」「そこにいる茶色のフクロウ」「バサバサと風を切るに違いない大きな翼」などをひとつひとつ想像してから、自分がその牧場に立っているつもりで読んでみましょう。

1回目とは違った「言葉のふくらみ」を自分の耳で聞き取ること

ができたのではないでしょうか？

今度は少し長い例文。実際に、ある朗読の教室で使ったものです。

北方の海は、銀色に凍っていました。長い冬の間、太陽はめったにそこへは顔を見せなかったのです。なぜなら、太陽は、陰気なところは、好かなかったからでありました。そして、海は、ちょうど死んだ魚の目のように、どんよりと曇って、毎日、毎日、雪が降っていました。

（小川未明『月とあざらし』より）

多くの人にとって、日常からは遠い情景でしょう。こんな時手がかりになるのは、いつか目にしたテレビや1枚の写真、どこかで触った雪の冷たさ。それらを頼りに北の、厳しい冬の海を思い浮かべましょう。「これは、ああいう景色のことを言っているんだ。どんなに寒いだろう？」と想像してみてください。

実体験のほんのかけらでよいのです。それをかき集めて、心の中で「文字」を「映像」として、体に感じる「寒さ」として「おこして」みる。それから読んでみましょう。読みはかなり変わるはずです。

自分の「体」を使ってみる!

頭の中で想像するだけでなく、身近なもの、たとえば自分の体を使うことも効果的です。2つのエピソードをご紹介しましょう。

1つ目は、「私の右手」の話です。

NHKのある地方局が開いた朗読会の指導に呼ばれたときのこと。女性キャスターの1人が選んだ作品は、オードリー・ヘップバーンが愛したという一篇の詩でした。オードリーが、亡くなる前の年のクリスマス・イブに2人の息子、ショーンとルカに読み聞かせたという詩（サム・レヴェンソン作『時の試練を経た人生の知恵 *TIME TESTED BEAUTY TIPS*』に収載）には、

年を取れば　人は自分に２つの手があることに気付くでしょう
ひとつの手は　自分自身を助けるために　もうひとつの手は　他者を助けるために

という一節がありました。読んでもらったところ、癖もなく、聞きやすいのですが、もうひとつ心に触れてくるものがありません。

そこで彼女に、「自分の右手を触ってみて」と言いました。「よーく感触を確かめて。これがあなたの右手ですね。次は左手もよく触って確かめて。」そうしたらもう一度、今のところを読みましょう。今度は『ひとつの手』のところで今触った自分の右手、『もうひとつの手』で左手を見てください」と。

すると、どうでしょう。その一節ががぜん生き生きし、「手」にリアリティーが、そして詩全体に説得力が出てきたのです。私自身も驚くほどの変化でした。

2つ目は、『おおきなかぶ』とひざ小僧の話です。

3年前、震災で大きな被害を受けた宮城県石巻市の小学校に、絵本を読みに伺いました。『おおきなかぶ』では、「うんとこしょ　どっこいしょ」というかけ声を子どもたちにも一緒に言ってもらうことにしたのです。一生懸命な子どもたち。でも、何回練習しても、声のボリュームが大きくなるだけで、やはり「何か」が足りません。

子どもたちは体育座りをしていました。そのひざ小僧に注目し、「自分のおひざをかぶだと思ってぎゅっとつかんでごらん」、と言ってみたのです。これが効果てきめん――。「うんっ……とこしょっ！」という、息をたっぷり使った声が、かぶを抜こうと力を込めてふんばるときの声が、鮮やかに一斉に出たのでした。

実践編

さあ、いよいよ「物語」を読みましょう！
有名な怪談「むじな」を教材に紙上講義をして行きます。
読み方を細かくアドバイスしましたので、楽しんでトライしてください。
本の選び方、ページのめくり方など、
「本番」で役に立つノウハウもいろいろ出てきますよ！

第1節　本の選び方

あれ？　なぜ、聞いている子どもがあくびするの？

さあ、練習してきたいろいろなことをついに生かす時が来ました。本番です。手元には秘密の印をたくさんつけた本を用意して……、いざ！

――よし、最初の一言、「高く」入れた。長い文章もどうにか「うねらないで」読めた。次は場面が変わるので、「間」を3秒くらい取って。今度は子山羊のセリフ、小さな白い山羊をイメージして、甘えるようにかわいらしく読めたぞ……。あれ？　子どもがあくびしてる？　基本を押さえて一生懸命読んでいるのに、なぜ!?

「最高にいいお話を、『基礎編』で勉強したメソッドを駆使して読んでいるのに、集中して聞いてくれない」となってしまったら……。

何が原因なのでしょう？

もしかしたら、その本がそもそも「自分が読みたくて」、あるいは、「とにかく読ませたくて」選んだ本であって、「目の前のその子」に合っていないせいかもしれません。

本は「出会いのタイミング」も大切

読み聞かせにはまず、**子どもの年齢や発達に合った本を選ぶ**ことが大切です。たとえば４歳の子どもに『アンネの日記』を読んで聞かせたら？　想像するまでもなく、無理、ですよね。「戦争」や「ユダヤ人」「収容所」といった言葉についての最低限の理解や、人間の心に対する洞察が育っていないと、まったくちんぷんかんぷんでしょう。本を選ぶときには、聞かされるお話を栄養として蓄えるための、いわば子どもの心の「土壌」の様子を見極めることが大切です。

本の裏表紙にある「何歳から何歳まで」という対象年齢表示もある程度のめやすになりますが、同じ歳でも子どもによって個人差があることを忘れずに、何よりもその子の心に寄り添って本を選びましょう。

よかれと思って選んだ本でも、子どもに出会わせるのが早すぎると、長い間、その本と仲良しになれないといった「悲劇」が生まれることもあります。

私の場合、それは『星の王子さま』でした。10歳くらいのとき、母親が「すごくいい本だから読みなさい」と買ってきてくれたのですが、当時はその「よさ」がまったくわかりませんでした。退屈で何だかお説教くさい話、という第一印象を、大人になるまでそのまま持ち続けたのです。

その後、たまたま職場の先輩から、紛争中の大学の図書館で『星の王子さま』を読み、机につっぷして泣いた、という話を聞き再読。

「ああ、こういう本だったんだ」と初めてその深さを知りました。

先輩の話を聞かなければ、『星の王子さま』を再び手にすることはきっと一生なかったでしょう。

というわけで、**本との最初の出会いはとても大切**だ、と私は思うのです。

目の前の子どもの心を丁寧に見つめ、今のその子に読んであげたい本を選びましょう。

第2節

読み聞かせる前に「地図」を準備しましょう

読みの「設計」をする

さて、本を選んだら次なるステップへ。ページを開き、まず、ストーリーの流れを頭に入れましょう。読みの「設計」をするためには、お話の全体像を把握しておくことが欠かせないからです。

いきなり声に出して読むのではなく、何回か黙読してみて、こういう話だな、こういう起承転結で、こういう構成なんだな、ということを理解しておくことが大事です。

アナウンサーもよく、ナレーションなどの仕事で原稿に「骨格」

を書き入れて行く、ということをします。たとえばある若者が夢を叶えるまでのストーリーの場合、

1．プロローグ　2．主人公登場　3．主人公、悩んで都会に出る　4．都会での苦闘

といった具合に、パートごとの「見出し」を書いてみるのです。

そうすれば、自分が今読んでいるところが全体のストーリーの中の「どこ」にあたり、この後どういう展開があることを前提とした「今」なのか、ということがわかってくるからです。

たとえば、絵本ではありませんが、小泉八雲の『怪談』に収められた話に、「むじな」があります。商人が「のっぺらぼう」の女に出くわし、パニック状態で駆けに駆け、ようやく蕎麦売りの明かりのところに逃げ込む。助かった！　と思ったのもつかの間……その蕎麦売りもやっぱりのっぺらぼうだった、というお話です。まずは全文を黙読してみましょう。

※古典「むじな」には、戸川明三、平井呈一といった歴々の名訳がありますが、ここでは、児童文学や絵本の翻訳も多い鹿田昌美さんの手による、今の息遣いを生かした新訳でご紹介します。

「むじな」

小泉八雲 著

東京の赤坂通りに、紀伊国坂（きのくにざか）とよばれる坂があります。なぜそうよばれているのかは知りません。この坂の片側に沿って、深くて大きな古いお堀があり、その先が草のこんもりはえた土手になっていて、そのまた先には、お庭が広がっています。坂道のもう片側には、お城の塀が、どん、と高くそびえたち、向こうのほうまでつづいています。当時はまだ街灯がなく人力車も走っておりませんでしたので、この界隈は、日が暮れるとたいそうさびしい場所になりました。

帰りが遅くなった人は、夜の紀伊国坂をひとりで登るのを避けて、何里かを余分に歩いてでも、遠回りをしたがりました。

というのも、このあたりに「むじな」が出るという噂があったからでございます。

最後にむじなを見たのは、京橋の年老いた商人で、30年ほど前に亡くなりました。これは、その人の語ったとおりの話です。

ある日、夜遅く紀伊国坂を急いで登っておったとき、お堀のそばに女がぽつりと、しゃがんでおりました。ひとりぼっちで、さめざめと泣いていました。商人は、女が身を投げるんじゃないかと心配になり、足を止めました。なにか助けてやれることはないか、慰めてやれないか、と思ったのです。女はほっそりして上品なたたずまいでした。美しい着物をしゃんと着こなし、髪を、良家の娘のようにきちんと結っておりました。「お女中や」と、商人は声をかけながら近づきました。「お女中や、そんなふうにお泣きなさんな！……困ったことがあるんだったら、あっしに聞かせておくんなせい。あっしにできることがありゃ、喜んでお助けしやすぜ」（男はとても親切な人間で、言葉どおりの本心でした）。ところが女は、片方の長い袖で顔を隠しながら、よよ、よよ、と泣き続けておりました。男は、それではもう一度とばかりに、できるかぎり優しい声色で話しかけました。「お女中や、頼むから、あっしの言うことを聞いておくんなせい！……だいたい若い娘が遅い時刻にこんなとこにいちゃあいけねえ！　頼むから、どうか泣きやんでおくんなせい！　あっしが力になれるかもしんねえから、とにかく話だけでもさ、ねえ、聞かせておくんなせい」。女はゆっくりと立ち上がりましたが、商人に背中を向けたまま、相変わらず袖で顔を隠して、よよ、よよ、と泣いていました。男はそっと女の肩に手を置いて、「お女中や！　お女中！　これお女中！」と声をかけた……すると女は、ことりとふり向いて、ぽたりと手から袖を落とし、片手で顔をそろうりとなでた――そのとき、男は見ました。女には目も鼻も口もなかったのです。男はひいっと悲鳴を上げて、逃げ出しました。

商人は紀伊国坂を、ざくざく、ぜえぜえ、ざくざく、ぜえぜえ、とひたすら走って登りました。あたりはしんから真っ暗で、なんにも見えやしない――。そこを後ろをふり返りもせずに走り続けました。するとようやく、ぽうっと、提灯の明かりがひとつ、見えてきました。あんまり遠いので蛍の光のようにしか見えませんでしたが、ひたすらそれを目指してゆくと……、その提灯は蕎麦売りの男のものでした。坂の脇に屋台を止めていたのです。商人はあんな目にあったばかりでしたので、明かりのそばで誰かと一緒にいられることがありがたくて、一目散に蕎麦売りの足元に駆け込んで、「ひい‼……ひい‼……ひい‼……」と悲鳴を上げました……。

「おや、おや！」蕎麦売りがぶっきらぼうに声をかけてきました。「お前さん！　いったいどうなすった？　怪我でもさせられたかい？」

「いいや――怪我じゃない」。商人はぜえぜえと息を切らしました。「ただ……ひい！　――ひい！」

「脅しかい？」蕎麦売りは、そっけなくたずねました。「物盗りか？」

「物盗りじゃない、そうじゃねえんだ……」商人は怯えながらなんとか言葉を続けました。「見たんだ、女を見た……堀のそばでな。ところがその女ときたら――ひいっ！　あの女が見せた顔ったら……！　とっても言えねえや！」

「へえっ！　その女が見せたのは……ほれ、こんな顔だったかい？」蕎麦売りの男はそう言いながら、顔をそろうりとなでました……するとその顔はつるりとした卵のように変わり……同時に明かりが、ずんと消えてしまいました。

訳・鹿田　昌美

スタジオにソファを入れ、「寝転がって」朗読

とくに「せりふ」は、その言葉が口に出された状況を想像して、あるいは実際にその人の状態を真似して読んでみてもよいと思っています。

たとえば地の文に、「ふとんの中でつぶやいた」とある場合などは、本当にふとんに入ってつぶやいてみると、どうでしょう……？

――「ラジオ文芸館」での、久保田茂《つとむ》アナウンサーの、お国言葉の『よだかの星』全国放送の際、同時に同じ宮沢賢治の詩、「永訣の朝」を、花巻市出身の佐藤龍文アナウンサーが朗読することになりました。

その中で、結核で死の床に就いた賢治の妹が、熱に浮かされながら兄に「おにいちゃん、外の雪を取ってきて」とねだるあまりにもせつない一節があります。なんとかこのせりふの美しさをみなさんにお伝えしたいと、ここだけ、盛岡局が初任地だった若い松村正代アナウンサーに読んでもらうことにしました。

「あめゆじゅとてちてけんじゅ」

――でも、朗読初挑戦の松村アナ、なかなかうまく読めません。どうも元気すぎるのです。「もう少しで死んでしまう妹が、お兄さんに、最後の吐息を振り絞っておねだりをしている感じを、もっと！」とやり直してもらうのですが、何度やってもやっぱり、ダメ。

そのうちに松村アナが、「あの、本当に横になって読んでみてもいいですか？」というので、スタジオにソファを運んでもらって寝てもらったところ……。いい、いい！瀕死の妹の、弱弱しい、それでいて賢治への気持ちにあふれた声と息が、実にうまく出たのです。

結局、マイクの方をなんとか動かして横になったまま録音を終えました。

でも聴いてくださっていたみなさんは、読み手がまさか本当に「床に伏して」いたとは、想像もされなかったでしょうね。

「むじな」、いかがでしたか？　短い中に二段重ねの恐ろしさがある、よくできたお話ですよね。この怖さを、どう表現しましょうか。声をかけた女がのっぺらぼうだった、そこも怖いのですが、これがピークの怖さではありません。明るいところに逃げ込んで「ひどい目にあった……」と打ち明けた相手の蕎麦売りが、実はやっぱりのっぺらぼうだった！　というところが一番怖いのです。

怖さの程度をグラフにすると、たとえば次のようになります。縦軸は、怖さのレベルを表しています。

このグラフを念頭に、「読み」を考えます。

女がのっぺらぼうだったくだりで「最大限」怖くすると、後の配分が狂ってしまいます。一番最後の、蕎麦売りもまたのっぺらぼうだった、というところに怖さのクライマックスを持ってくるように「設計して」読むのが大事です。

また、よく怪談で失敗するのは、最初から怖いぞお、怖いぞお、というムードで読んでしまうこと。そうすると「本当に怖いところ」

「むじな」怖さのグラフ

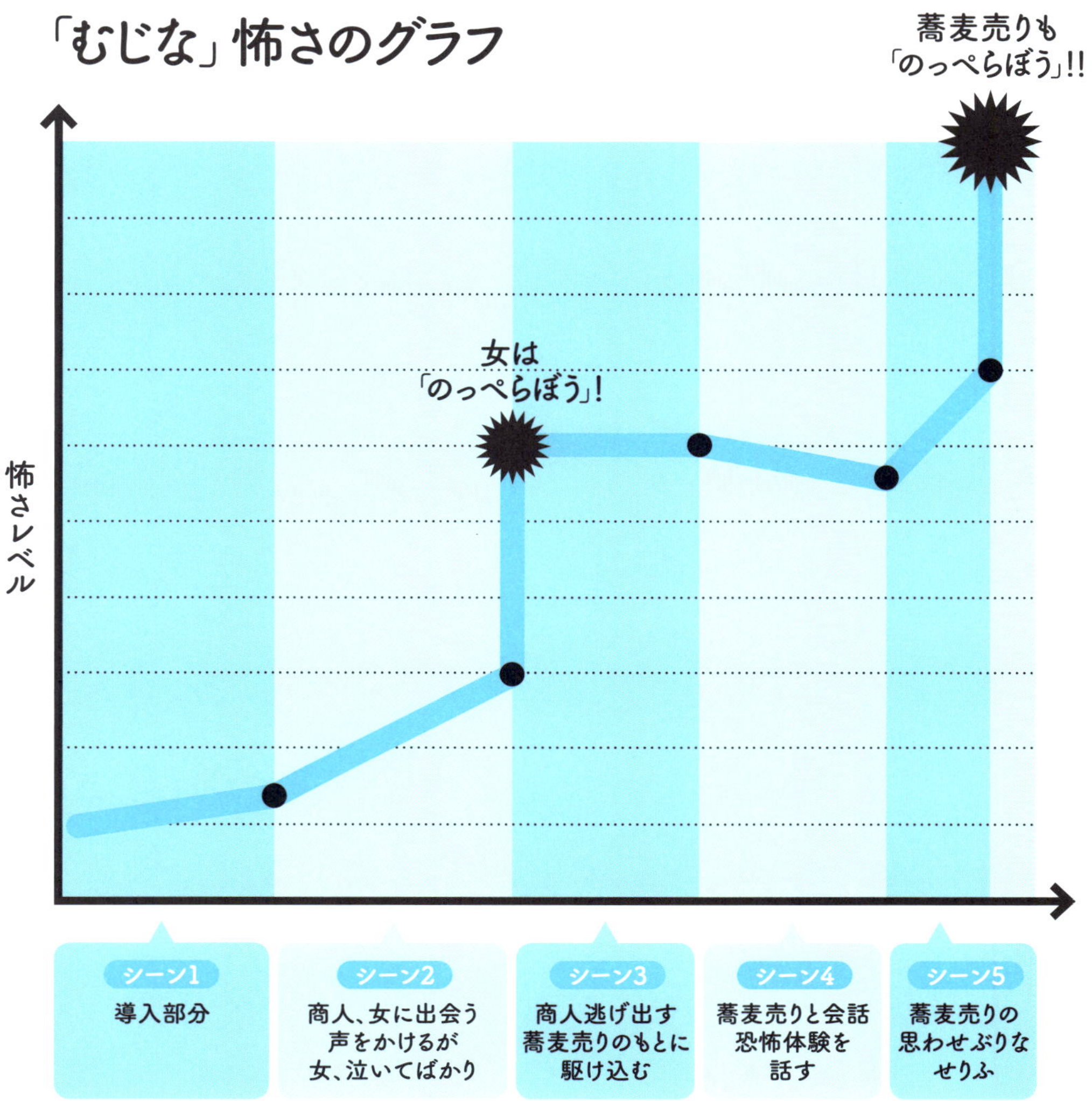
蕎麦売りも
「のっぺらぼう」!!
女は
「のっぺらぼう」!
怖さレベル
シーン1
導入部分
シーン2
商人、女に出会う
声をかけるが
女、泣いてばかり
シーン3
商人逃げ出す
蕎麦売りのもとに
駆け込む
シーン4
蕎麦売りと会話
恐怖体験を
話す
シーン5
蕎麦売りの
思わせぶりな
せりふ

が際立たないうえ、聞いている子どもに身構えさせてしまいます。

物語全体の骨格（地図）を頭に入れ、「自分が今どこにいるのか」をつねに意識して読みましょう。

えっ？ 電話帳が教科書？

元NHKアナウンサーで、現在「軽井沢朗読館」館長をされている青木裕子さんは朗読の名手のお一人。自分で朗読館を作ってしまうくらい朗読に魂を込めている方で、大好きな先輩です。

以前、北海道の若手のアナウンサーへ朗読のご指導をお願いし、札幌局での「朗読研究会」に講師として来ていただいたことがありました。そのとき事前の準備として「電話帳から1ページ、人数分コピーしておいて」と言われ、なんだろう？　と思ったのですが、なんと「電話番号を気持ちを込めて読む」という驚きの訓練が待っていたのです。

たとえば「札幌市役所　総務部　011-123-456x」といった電話番号を、「飛び上がるくらいにうれしく！」「思いきり悲しく」「疑わしそうに」読んでみて、と。

もっとも、「飛び上がるくらいにうれしく」読むと言っても、表面的に「演技」をしなさい、ということではありません。とびきりうれしいことを想像して、うれしいときに自然に出るはずの自分の声を立ち上がらせよ、という指導だったのです。

――私たちアナウンサーは、お知らせ原稿などで電話番号を読むことは多くありますが、もちろん感情を込めては読みません。なので、電話番号にもこんなふうに情感を込められるんだ！とまずは驚きました。そして、「無味乾燥な数字の羅列だからこそ純粋な自分の感情がそこに現れる」ことにも気付かされた体験でした。
実際、まったく起伏のないコンテンツに渾身の感情を込めるという徹頭徹尾「技術」にこだわったこの訓練が、いざ、起伏のあるテキストを読むときに、あっ生きている、と感じることがその後いくたびもあったのでした。

第3節 工夫次第で、読み聞かせはこんなに楽しい！

子どもの顔、見ていますか？

一生懸命読む人であればあるほど、読むことに集中してあまり子どもの顔を見ない、ということが起こりがちです。そうなると、「本」と「読んでいる自分」の間だけで読み聞かせは完結してしまい、肝心の子どもがお留守になってしまいます。それでは、いかにも本末転倒。そもそも何のために読み聞かせをするのか？　と言えば、子どもと一緒にお話の世界に遊び、よい時間を共有するためで、自分の朗読披露のためではないのですから。

一人よがりの読みにならないようにするには、子どもと一緒に本と向き合う気持ちが大切です。ぜひ、「子どもと一緒に」楽しんでください。本の世界に引き込まれて行くと、子どもは実にいろいろな表情を見せます。お気に入りのシーンで喜んだり、声を合わせたり、大好きなキャラクターをページの中に探したり、息をのんだり。その顔を見、気配を感じながら読めば、一緒に本の世界にいるという満足感が得られますし、かけがえのない時間となって思い出にも残ります。

子どもが大はしゃぎする大好きなフレーズは繰り返し読んであげてもよいですし、逆に聞いている子どもの顔に「?」が浮かんだときは、ちょっと読むのをやめて、「○○って知ってる?」と説明をしてあげるのもよいでしょう。

「ページに書かれていることから1ミリもはみ出してはいけない」と堅苦しく考えなくてもいい、と私は思っています。

「対面」でこそ一皮むける！

私たちアナウンサーにとっても、誰かの前で読むという機会はとても貴重です。

私たちは「朗読ひろば」という活動を何年も行ってきました。アナウンサーが全国の小学校に出向き、子どもたちの前でピアノの生演奏や音響効果も加えてお話を読むという「ライブ」です。

子どもたちに本を読む楽しさを知ってもらえれば、と始めた活動ですが、実は読み手の私たちにこそ、大きな成果があったのです。ふだんマイクに向かって読むことの多い私たちが、子どもたちの前に立ち、その眼に見つめられながら読むと……。自分でも「あれ？」と思うくらい、表現の幅が広がり、柔軟に、大胆に読めることがあるのです。

後で先輩アナウンサーに、「一皮むけたね」などと言われることもあります。

私が日本語センターで開いている読み聞かせの1日セミナーでも、最後は一人ひとり、受講者全員の前で読んでいただきます。ほかのみなさんは観客になってよく聞いてください、とお願いするのです。すると、ほぼ例外なく、その日を通じての「ベスト・パフォーマンス」になります。「おおっ」と声が上がることだってあるのです。「聞き手」の存在、そして「読み手」と「聞き手」の心の通い合いがいかに大事か、ということがよくわかります。コツコツと練習を積み重ねて、本番で「大化け」する……。読み聞かせって素敵だと思いませんか？

絵本は、絵を大切に

ここからは、とくに「絵本」についてお話ししたいと思います。

文章と絵が一体となって作り上げるのが絵本の世界。

読み聞かせのときは絵を大事にして、絵と合奏するような気持ちで読みましょう。大人が見落としてしまうような絵の細部まで実によく見ている子どもの気持ちを、大事にしましょう。

たとえば、『まいごのどんぐり』（松成真理子作、童心社、2002年刊）では、ほとんどすべてのページのどこかに主人公のどんぐり、「ケーキ」が描かれています。子どもはページをめくるごとに「ケーキ」を探します。「ケーキ」が迷子になって落ち葉の陰に隠れてしまったページでも、一生懸命に。そんなとき、読み手が、「自分が読み終わったから」と言ってすぐにページをめくってしまったらどうでしょう？　子どもの気持ちはおいてけぼりになってしまいますね。「めくりたいけど大丈夫かな？」と子どもの顔を見て、まだ絵を見足りないようなら、満足するまで待っていてあげたいものです。

絵本は「たくらみ」に満ちています

表紙を開くと「ソデ」にちょっとしたプロローグが印刷されていたり、裏表紙にさりげなくエピローグがついていたり、絵本にはいろいろな「たくらみ」、つまり仕掛けや遊びが隠されています。まずは自分でじっくり読んで、その「たくらみ」を楽しく味わい、読み聞かせのときにはそこを生かすように工夫したいですね。

『ありがとう　ともだち』（内田麟太郎作、降矢なな絵、偕成社、2003年刊）もさまざまな「たくらみ」に満ちている絵本です。まずもちろん表紙があり、そして1つ目のプロローグが「ソデ」にあって、めくると、扉にもうひとつプロローグがあり、そして物語が動き出す……。

お話は――。単純でガサツ、けれども純情で実は友だち思いのオオカミが弟分のキツネに、「海で途方もなく大きなカジキを釣ったことがある」と調子に乗ってウソをつき、明日海に行ってまた釣り上げてみせると約束してしまいます（「いくか。あさ　いちばんで　うみづり　へな」と。（傍点は著者））。しかし翌日、案の定、魚は全然釣れません。キツネにいいところを見せたかったオオカミ。強がり、イライラをつのらせたあげく、ついに「ごめんな、キツネ。」とあやまると……。意外にもキツネは、違うよ、今日は海が丸ごと釣れたんだ、と返し、2匹は大はしゃぎでパーティーを始める……というお話です。

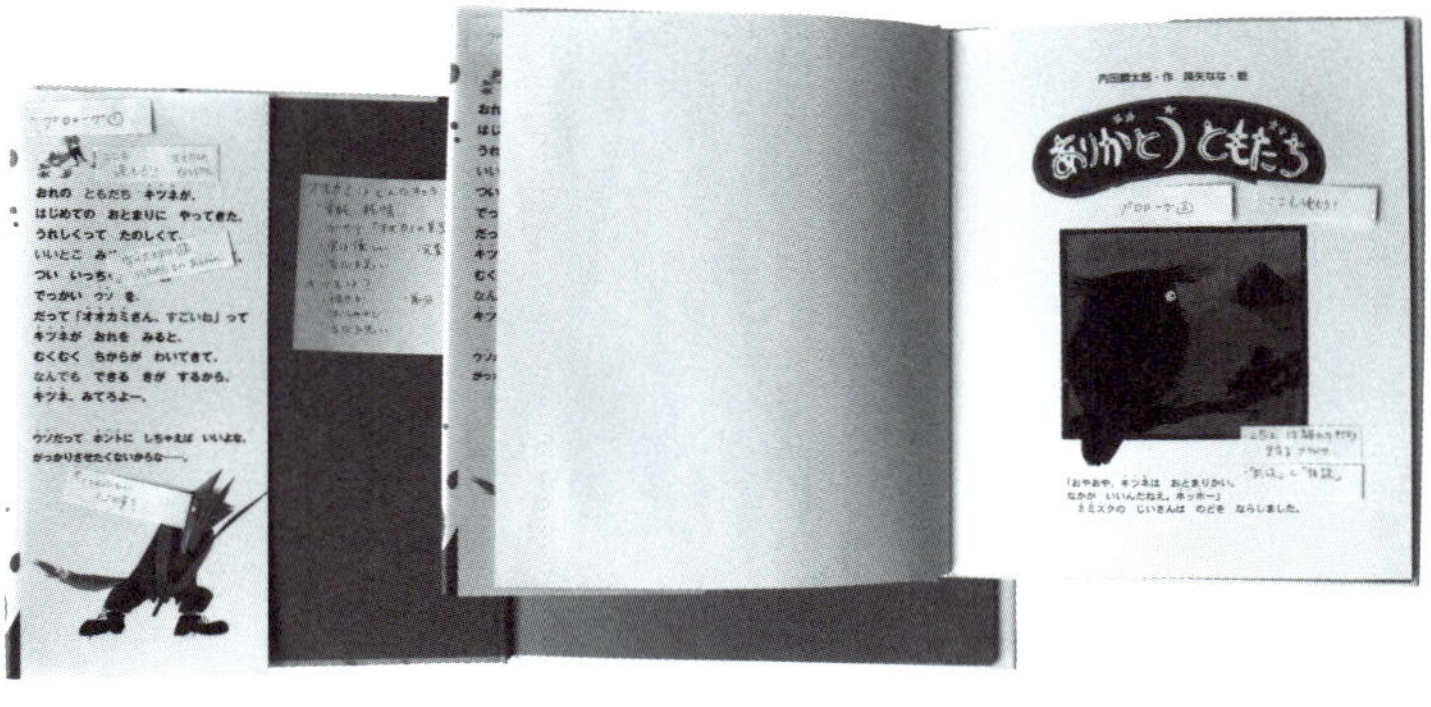

『ありがとう ともだち』のソデ（写真下）、扉（写真上）
私はこんなふうに絵本に、注意点をメモしたふせんを貼って練習します。

本の「ソデ」には、「つい　いっちゃったんだ　でっかい　ウソを」と印刷されていますが、よく見ると「ウソ」の2文字だけが少し小さくなっています。オオカミのうしろめたさの表れでしょうか……。

物語の中では、カジキを釣ろうと悪戦苦闘するオオカミの脇で、砂のお城を作ったり貝がらを拾ったりして海を満喫しまくっているキツネの姿が必ず、小さく小さく描かれています。そして裏表紙には、浮き輪で遊ぶ2匹……。あれれ、すっかり元気になったオオカミのほら話が、ますます大きくなってるみたい……というのが絵から見て取れます。

『おばけのてんぷら』（せなけいこ作・絵、ポプラ社、1976年刊）では、食いしん坊のうさぎがてんぷらを揚げ出すと、山のおばけがかぎつけてこっそりつまみ食いを始めます。食べるのに夢中になって衣の中に落ちてしまったおばけを、うさぎは気がつかずにつまんで油に放り込んでしまいます。間一髪、おばけは逃げ出したように見えますが……。

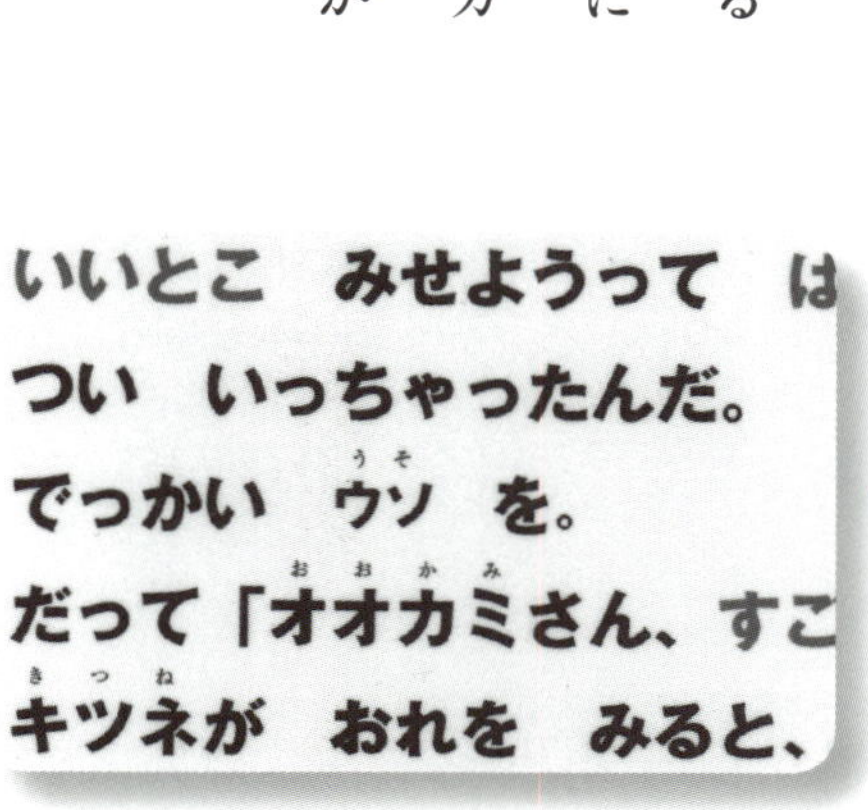
いいとこ　みせようって　は
つい　いっちゃったんだ。
でっかい　ウソ《うそ》　を。
だって「オオカミ《おおかみ》さん、すご
キツネ《きつね》が　おれを　みると、

「ウソ」の2文字が……。

さて物語が終わり、本を閉じると裏表紙には、おなかがふくらんだおばけが山の上で気持ちよさそうに寝ている絵が描かれています。そこで子どもたちは「あ、おばけは無事だったんだ、よかった」と安心する、という仕掛けです。

絵本の楽しさのひとつは、発見の楽しさです。文字だけ読んで、それでよしとするのでは絵本の魅力は味わえません。絵の中に、ちょっとページをめくったところに、隅っこに、文字の大きさや書体の中に、いろいろなメッセージや情報や気持ちが潜んでいて、発見されるのを待っているのです。読み手は、それをよく知ったうえで、子ども自身に見つけさせてあげましょう。読み手が先回りして種明かししてしまうのではなく、絵をよく見せてあげることで、子どもが気付くのを待ちましょう。子どもが何かを発見したら、一緒に喜んであげてください。

『おばけの てんぷら』の裏表紙

参加してもらう、読み分けする、小道具を使う――

TPOに応じて、楽しい工夫をしてみるのもいいでしょう。

絵本によく出てくる繰り返しの言葉などは、子どもも大好きです。おむすびが穴に落ちる「おむすびころりん　すっとんとん」や、かぶをひっぱる「うんとこしょ　どっこいしょ」など、一緒に読んでもらうと、ノリノリで言ってくれますよ。『おおきなかぶ』では、子どもの体をかぶに見立ててぐいっと「引っこ抜いて」みても楽しいでしょう。

せりふが多い本は「読み分け」もできます。たとえばオオカミとヤギ、という対照的なキャラクターが出てくる『あらしのよるに』（木村裕一・あべ弘士作、講談社、1994年刊ほか）を、オオカミのせりふ、ヤギのせりふ、地の文と3人で役割分担すると、1人で読むのとはまた違ったおもしろさが味わえます。

すでにお話しした「朗読ひろば」では、『おじさんのかさ』（佐野洋子作、講談社、１９９２年刊）という作品の読み聞かせで、実際に黒いかさを用意し、小道具として使ったことがあります。

りっぱなかさを大事にするあまり、雨の日も畳んだまま差せずにいる「おじさん」が、小さな子たちが楽しそうにかさを差して歩いて行くのを見て矢も盾もたまらず、さんざん迷った末、ついにかさを開く！　というお話なのですが、そのクライマックスのシーンで、読み手が、手に持った本物のかさを「ぱっ！」と開いた瞬間、会場の子どもたちは一斉に息をのみました。

ただ、小道具を使うことは、本の中の絵の印象をうすくしてしまう危険もはらんでいます。出すタイミングや、出した後のしまい方なども考えたうえで、やってみましょう。

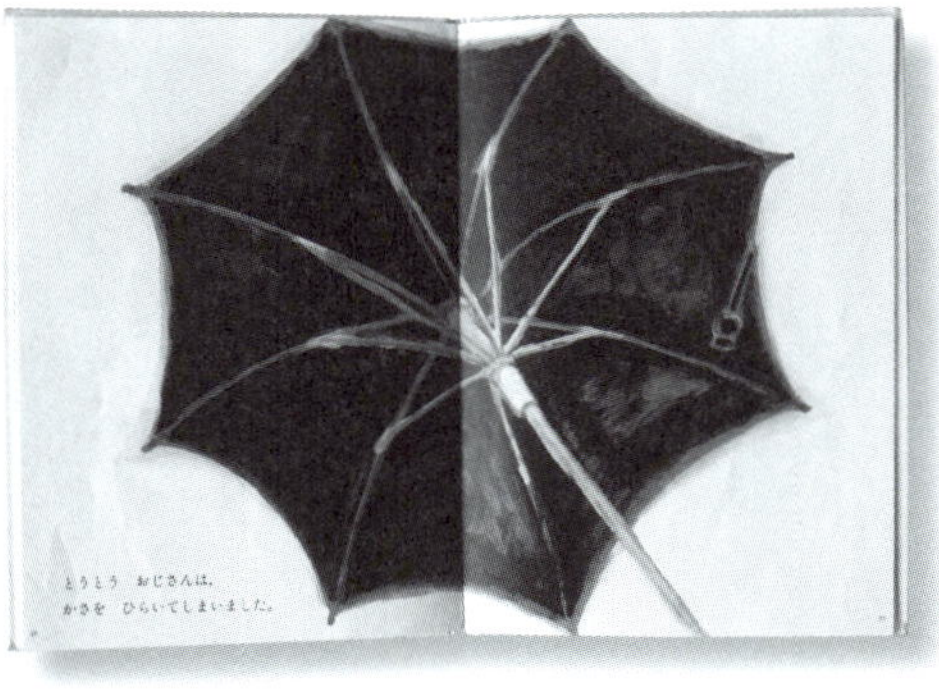

『おじさんのかさ』
かさを開くページ

ページをめくるたびに新しい世界が広がる

以前、国際アンデルセン賞受賞作家の故・赤羽末吉さんにインタビューさせていただいたときのこと。絵本の一番の魅力は？　という問いに、「絵本は1ページをめくるたび、新しい、別の世界が広がるんです」と一言ひとこと、噛みしめるようにおっしゃいました。

そんな「世界」を内包したページ。無意識に、機械的にめくるなんてもったいないことは、ゆめゆめしないようにしましょう。

ページのめくり方がどんなに大事か、ということをいくつかの例で見てみましょう。

たとえば『かたあしだちょうのエルフ』（おのきがく作・絵、ポプラ社、1970年刊）、23〜24ページの場合。

エルフは、大きくて強く、優しいオスのだちょう。草原の仲間を守ってライオンと闘い、大事な脚の1本を食いちぎられてしまいます。食べ物もなく、仲間からも次第に忘れられ、カサカサにひからびて行くエルフ。その死をじっと待つハゲタカやハイエナに囲まれて、まさに孤立無援の状況です。

そんなある日、黒ヒョウが草原を襲います。

黒い影がさっと走った、その瞬間、エルフがみんなに警告の声を上げるシーンが書かれています。ページは灼熱の大地から、真っ黒な中にらんらんと光る2つの目玉へ。静から動へ、そしてクライマックスへと世界が一気に変わる瞬間です。

「……なにか　くろいものが　はしりました。あっ!!」

言い切って、パッとめくる。

「『くろひょうだぞー。』
エルフは　かすれるこえで　さけびました」

――どれだけ緊張感を持って「一気にめくれるか」に、襲ってくる黒ヒョウの凶暴さ、草原の動揺、そして仲間のために最後の力を

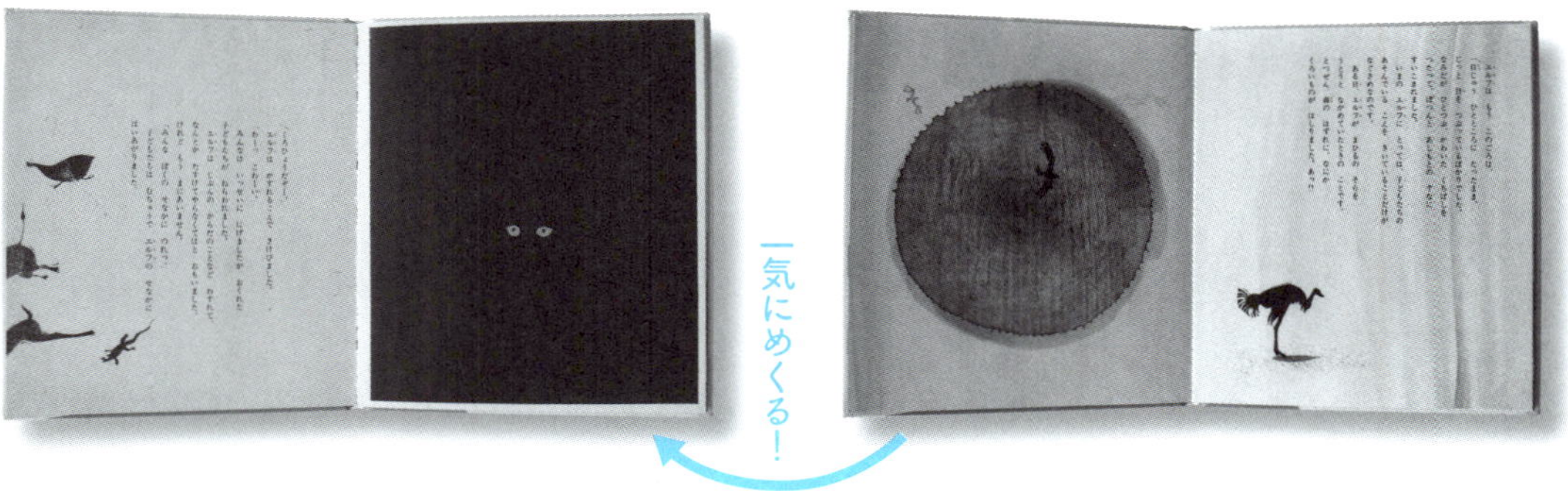

『かたあしだちょうのエルフ』23〜24ページ

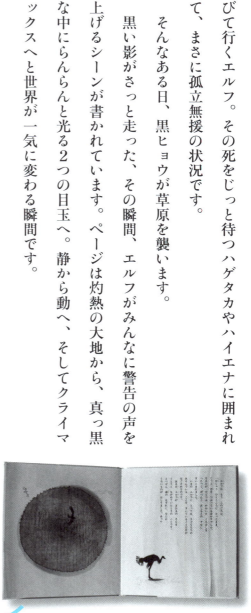

振り絞るエルフの、危険をも顧みない必死さ、が伝わるかどうかがかかっています。

一方、『まいごのどんぐり』、21～22ページの場合。

男の子（コウくん）と仲良しで毎日毎日一緒だった「ぼく」（どんぐり）は、ある秋の日、コウくんのカバンからぽろりと落ちてしまいます。日が暮れるまでずっと探し回るコウくん。「ぼく」も、ここだよ、と一生懸命アピールするのですが、見つけてもらえません。

「ぼく」は迷子になってしまったのです。そして季節は秋から冬へ。「つめたい　しろい　ふわふわ」が空から降ってきて、「ぼく」は眠くなります。

「そうして　ぼくは、
ずっと　ながいこと　ねむってしまったらしいのです」

速度を少しずつゆるめながら読んで行って、余韻を持ってゆっくりめくる。一呼吸置いて、新たな気持ちで読み始める。

「たいようの　ひかりが　まぶしくて、
ぼくは　めを　さましました」

なんとたった1ページの間に季節は巡り、場面も、ページの色彩もがらりと様相を変えます。「ねむってしまったらしいのです」をあっさり読み、ページをパッとめくったのでは、この季節の移り替わりはぜったいに子どもたちに伝わりません。

赤羽末吉さんの言う「めくるたびに広がる新しい、別の世界」に聞き手がちゃんと行けるかどうかは、読み手の「ページのめくり方」がカギだと言っても過言ではありません。

『まいごのどんぐり』21～22ページ

「台本」を作りましょう！

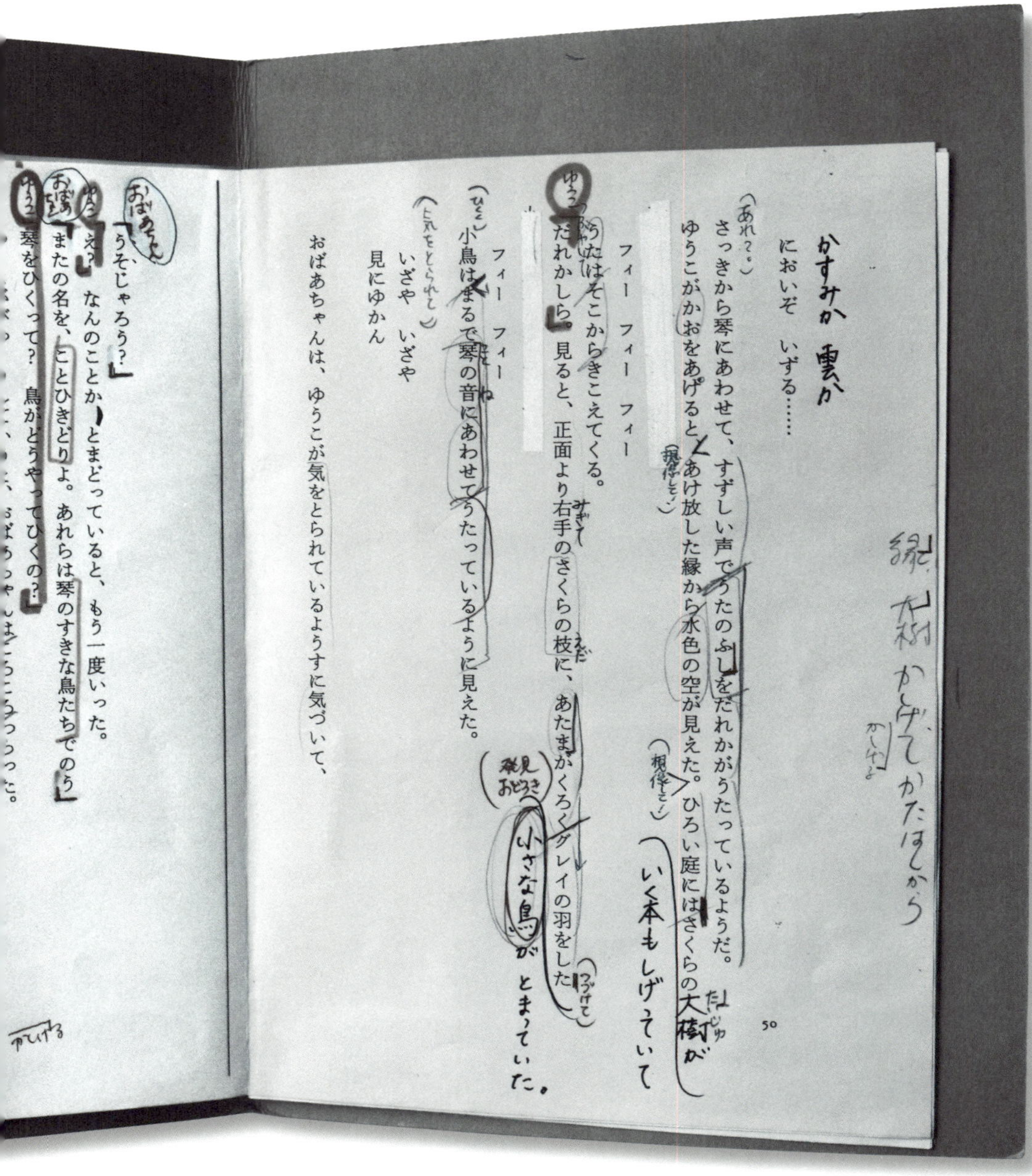

ここで、アナウンサーが朗読するときの舞台裏を特別にご紹介しましょう。それは、手元に持っているテキスト。実は朗読用に工夫をした、自分だけの台本（アンチョコ）になっているのです。

まず、自由に書き込めるようにコピーを取って、印刷面を内側にして折り、となり合わせるページの裏面どうしをのりで貼り合わせます。すると本のようにめくれます（文字を読みやすい大きさに拡大するチャンスもこのとき!）。

台本への書き込み方は人それぞれですが、たとえば、

1. 全編を通して主要登場人物がたとえば4人なら、あらかじめせりふを「4色」に色分けする。
2. 一続きの文節が2行にわたって（改行されて）印刷されているときは、次行の頭の文字は消し、消した分を前の行に手書きで書き込む。
3. ひらがなが続くときは要注意、文節（意味の切れ目）ごとに丸でうすく囲んだり、スラッシュを入れたりする。
4. 後ろに情報があるときも要注意、“「△△△」と声をひそめて言った”“「〇〇〇」とうれしそうに叫んだ”など、「説明がセリフの後に来る」場合は、「声をひそめて」、「うれしそうに」をセリフの前に、カッコ書きで書き加える。

などなど。

そうした書き込みは、自分が描こうとする物語の世界へ、朗読している自分を導いていく“道しるべ”を付けるようなイメージです。

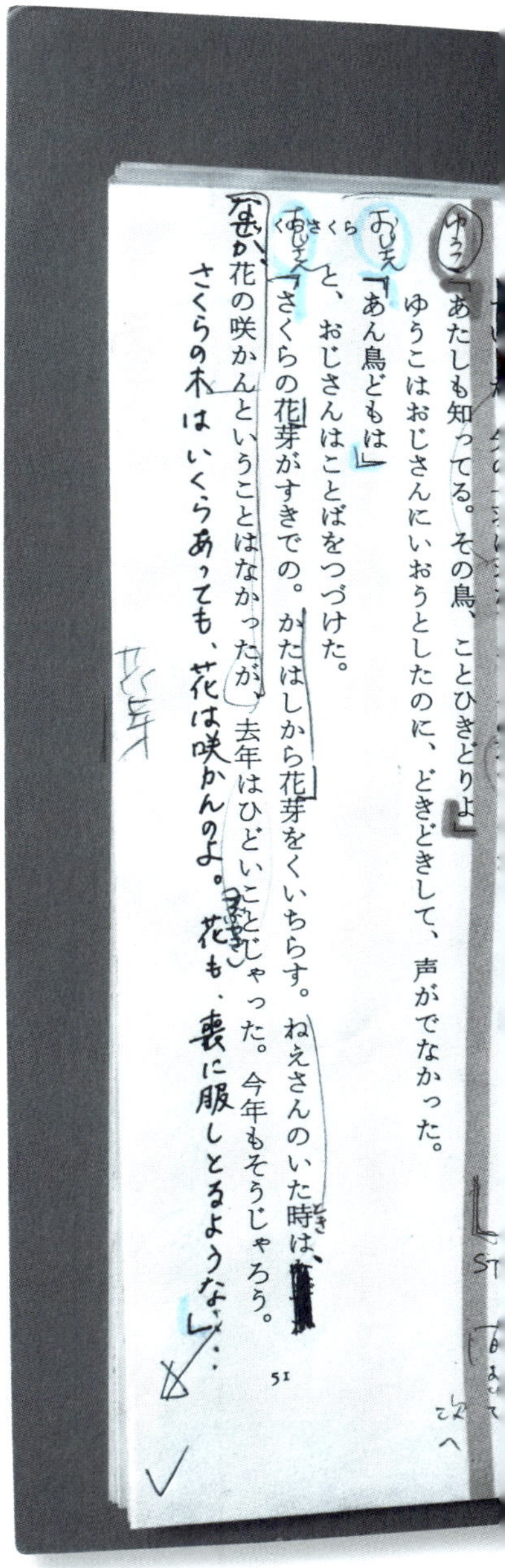

▶例として、私の「秘蔵のアンチョコ」の一部をお見せします。神沢利子さんの『同じうたをうたい続けて』（晶文社、2006年刊）に収められた「さくらさくら」という童話です。物語が現在から過去へ、また空想の世界へと移っていくので、とっさに切り替えられるように、繰り返し使っている愛蔵版です。

第4節

いざ、本番！「むじな」を実際に読んでみましょう

それではいよいよ、第2節で素読みをした「むじな」を、これまでにおさらいしたことを生かして読んでみましょう。

第2節で予習した「怖さのグラフ」（83ページ）を実際の読みにどう反映するかの説明のほか、「高く入る」こと、子どもの顔を見ながら読むこと、立体的に想像したうえで声に出すことなど、「基礎編」でおさらいしたことも出てくるはずです。

このほか、オノマトペ（擬音語）の表現の仕方、語尾の読み方など、この文例ならではの話もして行きますので、ご自分で重要と思ったところにマーカーで色をつけたりしながら、自由に楽しんで読んでみてください。

むじな

❶東京の赤坂通りに、紀伊国坂（きのくにざか）とよばれる坂があります。なぜそうよばれているのかは知りません。❷この坂の片側に沿って、深くて大きな古いお堀があり、その先が草のこんもりはえた土手になっていて、そのまた先には、お庭が広がっています。坂道のもう片側には、お城の塀が、どん、と高くそびえたち、向こうのほうまでつづいています。当時はまだ街灯がなく人力車も走っておりませんでしたので、この界隈は、日が暮れるとたいそうさびしい場所になりました。

帰りが遅くなった人は、夜の紀伊国坂をひとりで登るのを避けて、何

❶**語りはじめの一文。「東京の」は高く入りましょう。**「ト」の高さは、たとえば4～5メートル先の友だちに「ねえ」と呼びかけるときの「ね」と同じくらい。「高すぎるのでは？」と思っても、ほかの人に聞いてもらうと「だいじょうぶ！」という答えが返ってくるはず（とくに長い文の場合は、「高く」入ることで、後半が苦しくならずうねうねしない読みができますので、覚えておきましょう）。

❷**長い文です。**「この」を高く入りましょう。書かれている情景をひとつひとつ心で確かめながら、描写するように読みましょう。紙に、「ここが坂で、隣にお堀……」と地図を書いてみたり、読みながら「坂」「お堀」「土手」……と手でさしてみたりするとリアリティが増します。想像力を働かせましょう。

「ト」は
「高すぎる」くらい
でOK

里かを余分に歩いてでも、遠回りをしたがりました。

③というのも、このあたりに「むじな」が出るという噂があったからでございます。

最後にむじなを見たのは、京橋の年老いた商人で、30年ほど前に亡くなりました。④これは、その人の語ったとおりの話です。

⑤ある日、夜遅く紀伊国坂を急いで登っておったとき、⑥お堀のそばに女がぽつりと、しゃがんでおりました。ひとりぼっちで、さめざめと泣いていました。商人は、女が身を投げるんじゃないかと心配になり、足を止めました。なにか助けてやれること

---

③**「むじな」というキーワードが出てきます。**「このあたりに、」の後にちょっと間を置いて、むじなと、一言ひとことを丁寧に、ちょっとだけ際立たせて読みましょう。

④**ここまでは前置きなので、あまり重くなく、さらさらと読むとよいでしょう。**次からが本題。つまり、次の段落との間の「間」はたっぷり取る必要があります。

⑤**いよいよ物語が動き始めます。**子どもたちの顔をしっかり見渡し、十分に気持ちを惹きつけてから、「ある日……」と新たな気持ちで読み始めましょう。

⑥**女の様子を、あなたが少し遠くから「どうしたんだろう……?」とのぞきこんでいる、**そんなつもりで。実際にのぞき込むような動作をしてみても気持ちが乗りますよ。キーワードの「女」は埋もれないように、丁寧に発音しましょう。

キーワードは丁寧に

前置きはさらさらと

子どもの顔をしっかり見て

「動作」も使って

はないか、慰めてやれないか、と思ったのです。⑦女はほっそりして上品なたたずまいでした。美しい着物をしゃんと着こなし、髪を、良家の娘のようにきちんと結っておりました。⑧「お女中や」と、商人は声をかけながら近づきました。⑨「お女中や、そんなふうにお泣きなさんな！……困ったことがあるんだったら、あっしに聞かせておくんなせい。あっしにできることがありゃ、喜んでお助けしやすぜ」（男はとても親切な人間で、言葉どおりの本心でした）。ところが女は、片方の長い袖で顔を隠しながら、よよ、よよ、と泣き続けておりました。男は、それではもう一度とばかりに、できるかぎり優しい声色で話しかけました。「お女中

⑦**どんな様子の女性でしょう？** 宮沢りえさん？ 綾瀬はるかさん？ 時代劇で見た女優さんを思い浮かべてみるのもよいでしょう。

⑧**「お女中」は女性の敬称。** 丁寧に、礼儀正しく「お女中や」と声をかけましょう。子どもにはなじみのない言い回しですが、子どもはこうした言葉も案外、まるごとごっくんと飲み込んでくれますよ。

⑨**商人のせりふが続きます。しっかりキャラクター設定をしましょう。** 手がかりはすべて文中にあります。「京橋の年老いた」「とても親切な人間」「言葉どおりの本心」などから、実直で世話好きなお年寄り像が浮かびます。すると、どんなしゃべり方でしょう？ スピードはたぶんゆっくり。噛んで含めるような話し方。声はしゃがれているかもしれません。具体的に想像して、せりふに生かしましょう。

キャラクター設定をしっかりと

や、頼むから、あっしの言うことを聞いておくんなせい！……だいたい若い娘が遅い時刻にこんなとこにいちゃあいけねえ！　頼むから、どうか泣きやんでおくんなせい！　あっしが力になれるかもしんねえから、とにかく話だけでもさ、ねえ、聞かせておくんなせい」。女はゆっくりと立ち上がりましたが、商人に背中を向けたまま、相変わらず袖で顔を隠して、よよ、よよ、と泣いていました。男はそっと女の肩に手を置いて、「お女中や！　お女中！　これお女中！」と声をかけた……⑩すると女は、⑪ことりとふり向いて、ぽたりと手から袖を落とし、片手で顔をそろうりとなでた——そのとき、男は見ました。女には目も鼻も口もなか

⑩ **じわじわ怖くなってきたお話が、ここで1回目の山場に。**「すると－、女は－」とのんびり読まないこと。「……」と思わせぶりな「間」を取ったあと、「すると女は」と一気に素早く読みましょう。

思わせぶりな「間」も

⑪ **オノマトペのオン・パレードです。**「ことりと」——急に、こけしの頭がきゅっとひねられたようにこちらを向く感じ。「ぽたりと」——少し重みのあるものが落ちる感じ。厚みのある着物なのでしょうか。「そろうりと」——ゆっくり、まんべんなくなでる動き。それぞれの動きをちゃんと感じながら、「文字」ではなく「音」として、息をたっぷり使って一音一音表現しましょう。「ことりと」は素早く、切れのある音、「ぽたりと」は、一音一音丁寧に。「そろうりと」は、ゆっくり、やや不気味に。実際に「そろうりと」顔をなでながら言ってみましょう。

オノマトペ（擬音語・擬態語）は「音」として

ったのです。⑫男はひいっと悲鳴を上げて、逃げ出しました。

⑬商人は紀伊国坂を、ざくざく、ぜえぜえ、ざくざく、ぜえぜえ、とひたすら走って登りました。あたりはしんから真っ暗で、なんにも見えやしない――。そこを後ろをふり返りもせずに走り続けました。するとようやく、ぽうっと、提灯の明かりがひとつ、見えてきました。あんまり遠いので蛍の光のようにしか見えませんでしたが、ひたすらそれを目指してゆくと……、⑭その提灯は蕎麦売りの男のものでした。坂の脇に屋台を止めていたのです。商人はあんな目にあったばかりでしたので、明かりのそばで誰かと一緒にいられるこ

⑫ **ここから一気に動きが出てきます**。こういうときはとくに「語尾伸び」に気をつけましょう。「男はー、ひいっとー、悲鳴を上げてー、逃げ出しましたー」のように、語尾という語尾が伸びてしまうと、なんとも締まりのない、のんびりした印象になってしまいます。語尾をぴしっぴしっと短く収める、それだけで印象は見違えるほど締まって垢抜けます。動きのある一文ですから、文末の「逃げ出しました」の「た」などはぱっと飲み込むくらいがよいのです。

「語尾伸び」NG

⑬ **必死で逃げている描写です**。3つの文章をひと続きのものとして、あまり「間」を置かずに読みましょう。自分も、真っ暗な坂を商人と一緒に駆け上がって行くつもりで。

一連の文章は一続きに読む

⑭ **「蕎麦売り」も、大事に読みましょう**。あとでのっぺらぼうに変身する第2の「むじな」です。

とがありがたくて、一目散に蕎麦売りの足元に駆け込んで、「ひぃ!!……ひぃ!!……ひぃ!!……」と悲鳴を上げました……。

⑮「おや、おや!」蕎麦売りがぶっきらぼうに声をかけてきました。「お前さん! いったいどうなすった? 怪我でもさせられたかい?」

「いいや——怪我じゃない」。商人はぜえぜえと息を切らしました。「ただ……ひぃ! ——ひぃ!」

「脅しかい?」蕎麦売りは、そっけなくたずねました。「物盗りか?」

「物盗りじゃない、そうじゃねえんだ……」商人は怯えながらなんとか言葉を続けました。「見たんだ、女を見た……堀のそばでな。ところがその女ときたら——ひいっ! あの

---

⑮**商人と蕎麦売りの掛け合いで進みます。**せりふを際立たせるためにも、地の文はさらさらとクールに読みましょう。

「地の文」はさらさらと

⑯**恐怖がピークへと上って行く箇所です。**「……」は、思いっきり思わせぶりに。そして、「ほれ、こんな顔だったかい?」の短いせりふの中で、後に行くほどに不気味さがぐっとふくらむように読めれば最高です。

「……」も表現して

⑰**のんびり読まないこと。**眼の前の男の顔を、「ひっ⁉」と息を飲んで凝視するイメージです。

⑱**「ずん」は、オノマトペ。**たったひとつの明かりが消えた後は、真っ暗闇。この世の終わりのように読みましょう。「消えてしまいました」は、「ましたー」と伸びないように。音程を落として、飲み込むように「ましたっ」と、収めましょう。「ましたー」では、ぜんぜん怖くありません。

女が見せた顔ったら……！　とっても言えねえや！」
⑯「へえっ！　その女が見せたのは……ほれ、こんな顔だったかい？」
蕎麦売りの男はそう言いながら、顔をそろうりとなでました……⑰すると、その顔はつるりとした卵のように変わり……同時に明かりが、⑱ずんと消えてしまいました。

さあ、18カ所それぞれのポイントを押さえて練習しましょう。自信がついたら、76ページの、無印の「むじな」に戻って、もう一度通し読みしてみましょう！

「今日はわたしがママに読んであげる」！

娘が1歳から5歳の間、私は札幌に夫と長男を残して、旭川に子連れ単身赴任をしていました。夜寝かせる時、吹雪で外に出られない日、札幌と旭川を行き来する1時間半の列車の中、絵本なしには乗り切れなかったと今でも思います。

そんな娘が3歳半のころ、「今日はわたしがママに読んであげますねー」といって、本棚から私の本を取り出してきたことがあります。

「え？　まだ字は読めないのに??」。文庫本を、さかさまなのにも気が付かず、誇らしげに広げた娘。さもさも文字を読んでいるようにお話を始めます。

私を怖がらせようと、声をひそめたり、間を大きくとって擬音を入れたり。時には私のことをちらりと見て反応を確かめることも（それは、娘が創作した「レンガお化け」のお話でした。レンガお化けは物語の最後、掃除機に吸い込まれてしまいます！）。

娘の物語を聞きながら、「読み聞かせ」は、お話を伝えたい、相手を喜ばせたり怖がらせたりしたい！ そんな思いから始まるものなのだなぁと改めて感じたのを覚えています。

――さて、「レンガお化け」の娘ももう7歳。彼女が、私がかつて母からクリスマスプレゼントにもらった本の数々を自分で手にして読み始める日も近いかもしれません。好きな場面や感じたことを語り合って、子どものころ好きだった本に、母としてもう一度出会えたら！　楽しいでしょうね。

そのうち、この本『子どもを夢中にさせる魔法の朗読法』を本棚から見つけた娘が読み聞かせのコツをこっそり身につけて、私の大好きだった『ノンちゃん雲に乗る』を本当に読み聞かせしてくれる日が来るかも……？

おわりに

普段のお喋りでは、自由に生き生きとことばをかわしているのに、「物を読む」となるとどうして急に不自然に、単調になってしまうのだろう？　多くのアナウンサーは、その難しさに悩みながら仕事をしてきました。

そんな中で、「ＮＨＫ放送研修センター・日本語センター（http://www.nhk-cti.jp/service/jschool.html）」では、ＮＨＫのアナウンサーが放送現場で培ってきた蓄積の上にさまざまな研究を重ねて「話しことば」のノウハウを開発し、自ら学ぶとともに、「読み聞かせ」や「朗読」の講座で広く皆さんにお伝えしてきました。

今回お話ししたことも、そのノウハウが土台になっています。「本」ということで、いつものように声を使って「実演」できない分、あの手この手で工夫してくださった編集者の石井節子さんには、心から感謝いたします。

ここに書かれているノウハウは皆さんの感情を型にはめるものではありません。読み手が10人いるなら、朗読も10通り。仲間のアナウンサーの朗読を聞くたびに、「なるほどこう来たか」と、自分とは違った感性や表現に刺激を受けます。そこが何ともいえず楽しくもあるのです。皆さんものびのびと、あなたならではの読み聞かせに挑戦してください。

さあ、わくわくしながら、物語の扉を開きましょう。

山田敦子　村上里和

子どもを夢中にさせる 魔法の朗読法

NHKアナウンサーに教わる「読み聞かせ」のコツ

編　集 ✦ 石井節子
A　D ✦ 大久保裕文（Better Days）
デザイン ✦ 小倉 亜希子（Better Days）
イラスト ✦ 寺田久美
進　行 ✦ 小泉宏美

2015年11月15日　初版第1刷発行

著　者 ✦ 山田敦子　村上里和

発行人 ✦ 穂谷竹俊

発行所 ✦ 株式会社日東書院本社
〒160-0022
東京都新宿区新宿2-15-14 辰巳ビル
電話 03-5360-7522（代表）
FAX 03-5360-8951（販売部）
http://www.TG-NET.co.jp

印刷所 ✦ 三共グラフィック株式会社

製本所 ✦ 株式会社セイコーバインダリー

ISBN978-4-528-02041-2　C2037

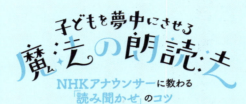